真账实操
企业会计轻松做

刘爱荣◎著

海天出版社（中国·深圳）

图书在版编目（CIP）数据

真账实操：企业会计轻松做 / 刘爱荣著. — 深圳：
海天出版社，2015.5
ISBN 978-7-5507-1125-9

Ⅰ．①真… Ⅱ．①刘… Ⅲ．①中小企业—会计 Ⅳ.
① F276.3

中国版本图书馆CIP数据核字(2014)第149617号

真账实操：企业会计轻松做
ZHENZHANG SHICAO：QIYE KUAIJI QINGSONGZUO

出 品 人　陈新亮
责任编辑　陈　军　张绪华
责任校对　刘翠文
责任技编　梁立新
装帧设计　知行格致

出版发行　海天出版社
地　　址　深圳市彩田南路海天综合大厦（518033）
网　　址　www.htph.com.cn
订购电话　0755-83460202(批发)　83460239(邮购)
设计制作　深圳市知行格致文化传播有限公司 Tel：0755-83464427
印　　刷　深圳市希望印务有限公司
开　　本　787mm×1092mm　1/16
印　　张　20.25
字　　数　250千
版　　次　2015年5月第1版
印　　次　2016年11月第2次
定　　价　39.00元

PREFACE 前言

　　随着人们对生活品质要求的提高，舒适的工作环境、体面的职业性质，越来越成为人们择业时的首要考虑内容。而会计这一职业以其工作稳定、舒适，入门难度适中的特点，理所当然地成为了很多人的职业选择。

　　据国家工商总局统计，截至 2013 年年底，小微企业（含个体工商户）占到了企业总数的 94.15%，并提供了 70% 以上的新增城镇就业岗位，所以绝大部分会计人员是在为小企业提供财务服务。

　　胜任一个小企业的会计工作难吗？已经从事职业教育 20 年的我可以肯定地告诉你，小企业的业务相对比较简单，只要你按照我引领你的步骤，一步一个脚印地读完这本书，胜任一个小微企业的会计工作是不成问题的。

　　当好了小企业的会计，如果有机会，能胜任大企业的会计工作吗？要知道，麻雀虽小五脏俱全。小企业在内控和业务的复杂性方面可能稍逊于大企业，却要求会计人员具有更强的综合能力，而且新颁布实施的《小企业会计准则》是以大中型企业所依据的《企业会计准则》为基础制定的。如果你熟悉了小企业的会计工作，去从事信息化程度更高的大企业的会计工作不会有问题。凡事都应当经过一个由简单到复杂的渐进过程，从业务相对比较简单的小企业的会计工作入手，再逐步深入到大中型企业的会计工作，是一种水到渠成的自然成长流程。

　　需要特别说明的是，这本书不只是写给准备从事会计工作的人，也是写给经理人和老板的一本书。因为我身边有很多从商的朋友，他们迫切地想了解一些必要的财务知识，他们想看懂会计人员提供的资料，更希望能用自己的睿智掌控和运作好手中的资金。这本书，也旨在引领这些朋友走进财务人员的工作领域，了解必要的财务知识。

本书在内容筛选上充分考虑当今会计电算化普及的时代特点，同时以会计工作的一般流程为主线，介绍会计手工操作的环节流程，以便帮助初学者清晰地了解会计的工作轨迹、数据的来龙去脉，帮助初学者打开电算化背后的"黑匣子"，帮助其以后在工作中能够根据数据的勾稽关系，发现问题，解决问题。

作为专业性读物，你一定认为学起来很难，读起来很乏味。不会的。我的一位学电子的朋友就曾经根据我前几年写的《无师自通学会计》用不到一个月的时间学会了会计，现在已经是公司的财务经理了。她说其中一些比如"借鸡生蛋"之类的通俗幽默的比喻，读起来挺有趣的。而这本书在《无师自通学会计》的基础上作了进一步的优化，相信会给你带来更舒适的阅读体会。

整本书在写作时，力求接近我的课堂授课，尽量用生活中的例子将高深的理论和术语通俗化、立体化。在内容处理上，强调了在教学和执行审计时关注到的疑点和常见错误，并集会计工作所需，将《会计基础》、《财务会计》、《成本会计》、《财务报表分析》、《审计》、《出纳员实务》、《会计电算化》、《EXCLE 在财务中的应用》、《税法》、《经济法》等多门课程的内容进行了提炼、整合，并将相关图片、模拟资料穿插其中，使内容更加直观、形象。

静下心来，认真地完成每一步的工作任务，你就一定能胜任会计工作了。

虽求完美，但必有疏漏之处，如有不周，恳请指正，以便及时修改完善。

作者邮箱：liuairong1@sohu.com，欢迎批评指正！

CONTENTS 目录

第 7 步　学会编制财务报表

第 8 步　了解常用的财务软件

第 ⑩ 步　会计资料的归档与调阅

第1步
第2步
第3步
第4步
第5步
第6步
第7步
第8步
第9步
第10步

导入语
★

　　我不知道你翻阅这本书的具体原因，但我知道你一定是需要了解小企业会计的工作内容和工作方法。

　　我知道在信息飞速增长，人们的工作节奏日益加快的今天，很难让你拥有大段的时间静下心来阅读那些枯燥无味的专业书籍。

　　所以，你翻阅这本书，一定是迫切需要了解相关知识，同时担心长篇累牍的文字堆砌会让你觉得索然无味……

　　所以，我尽量在书中少用一些深奥难懂的术语，尽量用身边的故事，用聊天式的语言，用形象的图表，一步步带你走进会计的工作领域。

　　准备好了吗？跟着我来了解小企业的会计工作吧。

第1步

第2步

第3步

第4步

第5步

第6步

第7步

第8步

第9步

第10步

了解小企业的财务
分工及岗位职能

真账　实操：
企业会计轻松做

任务一　了解小企业的范围及其特点

一、小企业的范围

为贯彻落实《中华人民共和国中小企业促进法》和《国务院关于进一步促进中小企业发展的若干意见》（国发〔2009〕36号），工业和信息化部、国家统计局、国家发展改革委员会和财政部于2011年6月共同研究制定了《中小企业划型标准规定》，现在你就通过表1-1来直观地了解一下吧。

2

表1-1　　　　　　　　　　中小企业划型标准

序号	行业	中小微型企业上限标准	中型企业标准	小型企业标准	微型企业标准
1	农、林、牧、渔业	营业收入20 000万元以下	营业收入500万元及以上	营业收入50万元及以上	营业收入50万元以下
2	工业	从业人员1 000人以下或营业收入40 000万元以下	从业人员300人及以上，且营业收入2 000万元及以上	从业人员20人及以上，且营业收入300万元及以上	从业人员20人以下或营业收入300万元以下
3	建筑业	营业收入80 000万元以下或资产总额80 000万元以下	营业收入6 000万元及以上，且资产总额5 000万元及以上	营业收入300万元及以上，且资产总额300万元及以上	营业收入300万元以下或资产总额300万元以下
4	批发业	从业人员200人以下或营业收入40 000万元以下	从业人员20人及以上，且营业收入5 000万元及以上	从业人员5人及以上，且营业收入1 000万元及以上	从业人员5人以下或营业收入1 000万元以下

序号	行业	中小微型企业上限标准	中型企业标准	小型企业标准	微型企业标准
5	零售业	从业人员 300 人以下或营业收入 20 000 万元以下	从业人员 50 人及以上，且营业收入 500 万元及以上	从业人员 10 人及以上，且营业收入 100 万元及以上	从业人员 10 人以下或营业收入 100 万元以下
6	交通运输业	从业人员 1 000 人以下或营业收入 30 000 万元以下	从业人员 300 人及以上，且营业收入 3 000 万元及以上	从业人员 20 人及以上，且营业收入 200 万元及以上	从业人员 20 人以下或营业收入 200 万元以下
7	仓储业	从业人员 200 人以下或营业收入 30 000 万元以下	从业人员 100 人及以上，且营业收入 1 000 万元及以上	从业人员 20 人及以上，且营业收入 100 万元及以上	从业人员 20 人以下或营业收入 100 万元以下
8	邮政业	从业人员 1 000 人以下或营业收入 30 000 万元以下	从业人员 300 人及以上，且营业收入 2 000 万元及以上	从业人员 20 人及以上，且营业收入 100 万元及以上	从业人员 20 人以下或营业收入 100 万元以下
9	住宿业	从业人员 300 人以下或营业收入 10 000 万元以下	从业人员 100 人及以上，且营业收入 2 000 万元及以上	从业人员 10 人及以上，且营业收入 100 万元及以上	从业人员 10 人以下或营业收入 100 万元以下
10	餐饮业	从业人员 300 人以下或营业收入 10 000 万元以下	从业人员 100 人及以上，且营业收入 2 000 万元及以上	从业人员 10 人及以上，且营业收入 100 万元及以上	从业人员 10 人以下或营业收入 100 万元以下
11	信息传输业	从业人员 2000 人以下或营业收入 100 000 万元以下	从业人员 100 人及以上，且营业收入 1 000 万元及以上	从业人员 10 人及以上，且营业收入 100 万元及以上	从业人员 10 人以下或营业收入 100 万元以下
12	软件和信息技术服务业	从业人员 300 人以下或营业收入 10 000 万元以下	从业人员 100 人及以上，且营业收入 1 000 万元及以上	从业人员 10 人及以上，且营业收入 50 万元及以上	从业人员 10 人以下或营业收入 50 万元以下
13	房地产开发经营	营业收入 200 000 万元以下或资产总额 10 000 万元以下	营业收入 1 000 万元及以上，且资产总额 5 000 万元及以上	营业收入 100 万元及以上，且资产总额 2 000 万元及以上	营业收入 100 万元以下或资产总额 2 000 万元以下

3

序号	行业	中小微型企业上限标准	中型企业标准	小型企业标准	微型企业标准
14	物业管理	从业人员1 000人以下或营业收入5 000万元以下	从业人员300人及以上，且营业收入1 000万元及以上	从业人员100人及以上，且营业收入500万元及以上	从业人员100人以下或营业收入500万元以下
15	租赁和商务服务业	从业人员300人以下或资产总额120 000万元以下	从业人员100人及以上，且资产总额8 000万元及以上	从业人员10人及以上，且资产总额100万元及以上	从业人员10人以下或资产总额100万元以下
16	其他未列明行业	从业人员300人以下	从业人员100人及以上	从业人员10人及以上	从业人员10人以下

从表1-1中，你是不是发现，原来我们平时觉得规模还可以的一些公司，其实也属于小微企业。要知道，正是这些占企业总数90%的小微企业，为社会提供了70%以上的新增就业岗位，你应当就是这些工作人员中的一员吧。所以，很多会计人员是工作在这些小微企业，需要遵守的是《小企业会计准则》。

二、小企业的特点

了解了小微企业的范围，你现在想知道的应当是这些小微企业的特点吧。下面，我们就从不同角度来分析一下。

（一）数量大，分布范围广

近几年的统计资料表明，无论是在中国，还是放眼全球，小微企业的数量都占到了企业总数的90%以上，是为社会提供就业岗位的主力军，所以，我们很多的会计人员是在为这些企业提供服务。

（二）生产规模小

从刚才了解的中小企业类型划分标准不难看出，与大中型企业相比，小微企业的典型特征就是生产规模小，资本存量水平低。俗话说"巧妇难为无米之炊"，对企业而言，资金存量直接决定了企业的发展速度和拓展空间。所以，小微企业的规模扩张一般比较缓慢，科研投资有限，技术创新能力也比较弱（当然，集中力量，突出在某一专业领域的创新发展模式，也是近几年来小微企业的一种成长亮点），其产品的花色品种、质量、标准化程度、技术含量等方面都稍逊于大型企业。由于生产规模小，产品比较单一，对应的经济业务也就比较简单了，会计核算工作也就相应简单了，所以，这对会计人员，尤其是新手来说，倒未必不是一件好事。

（三）经营决策权高度集中

由于小微企业的资金存量低、生产规模小，所以通常是所有权与经营权合一。这种管理模式，其优点是有利于快速做出决策，缺点是在一定程度上弱化了对权力的牵制和有效监督，加大了会计人员在工作过程中要承担的违规风险。

（四）组织结构比较简单

由于小微企业的员工人数较少，所以其组织结构也比较简单，岗位分工往往不很明确，通常是一人多岗，身兼数职。如果设计不合理，很容易导致一些不相容职务没有得到有效分离（不相容职务的内容马上会在本步骤的任务三中介绍，如果好奇，你可以先睹为快），影响到企业的资金安全，加大财务风险。同时一人多岗的工作模式，也会影响到薪酬费用的合理分配，处理不当可能会影响成本费用核算的准确性（关于费用的分配，我们将在后面的"第五步　学会分析经济业务、填制记账凭证"中详细了解）。

相应地，在小微企业，其财务分工也会比较简单。那么在小微企业，财务工作一般是如何分工，各自的岗位职能又是什么呢？

熟悉小企业的财务分工及岗位职能

一、小企业的财务分工

我记得一位教企业管理的老师问过我一个这样的问题，他说在企业管理和会计教材上说，财务部门的工作人员要分为出纳、往来会计、存货会计、固定资产会计、税务会计、薪酬会计、总账会计、稽核、会计主管等很多个岗位，可小企业哪养得起这么多人呀？

我告诉他，那是在大中型企业的理想的财务分工模式，因为大中型企业，其经济业务量大，而且比较复杂，所以一般是一人一岗，有时甚至是多人一岗，比如出纳员，在大企业通常还要分为现金出纳和银行出纳。而小企业就比较简单了，一般只设一个出纳和一个会计岗位就可以了，涉及现金、银行存款的业务由出纳负责，其他工作就交给会计了；甚至有的企业只有一个专职的会计，出纳的工作则由其他职能部门的人员兼任。再小的，则往往只设一个兼职的出纳，会计工作由会计公司代理。

"原来是这样呀，这还差不多。我看的书上说企业少则需要六七个会计，多则需要十几个会计，这个问题困惑了我很久呢，不知道该怎样回答学生的疑问，这回明白了。"那位老师释然地说。

通过我和那位老师的对话，你是不是也了解了小微企业的财务分工了？那么到底会计和出纳各自需要干些什么？为什么他们的工作不能干脆由一个人完成呢？你读了后面的关于会计和出纳岗位职能以及财务管理中的不相容职务的介绍就明白了。

6

二、会计与出纳的岗位职能

你可能会有疑问，明明写的是《真账实操：企业会计轻松做》，为什么还要介绍出纳的岗位职能呢？要知道，在小企业里，会计和出纳就是整个财务部。只有知己知彼，才能更好地合作完成企业的财务核算工作。

所以，我们需要先一起来看看你的合作伙伴出纳的岗位职能，并聊一聊你在与出纳合作中要注意的问题。

（一）出纳的岗位职能

前面已经说过了，出纳主要是负责现金、银行存款等货币资金的结算工作的。通俗地说：货币资金的收支都需要通过出纳完成，出纳直接拿着公司的钱袋子。所以在小微企业，<u>老板一般会安排自己非常信任的人担任出纳</u>。

我有一个做会计工作的朋友，凭心而论，她的业务能力很强，也很敬业，老板也算得上是一个宽宏厚道的人，但她在工作中唯一不满的就是觉得自己的工作含金量更大，更有价值，而对会计知之不多的出纳员的薪酬却并不比自己少。我问她目前月薪是多少，她说 4 000 多，我告诉她可以找一份月薪 3 000，但出纳员比她挣得少的工作，这样心理就平衡了。当会计的她当然不会做如此不合算的选择。

其实这是一种理念的问题，要知道固然做会计可能需要具有比出纳更丰富的财务知识，但工作其实是没有高低贵贱之分的，就像很多人嘴上说艳羡农民工的万元高薪，可自己却不肯去干农民工的活一样。出纳工作当然并不比会计工作低级，更何况，人家老板可能更信赖出纳呢。

所以，如果你是一个小微企业的会计，记着要了解出纳的工作，并和出纳友好相处，你只需要知道你的付出和得到的薪酬对你来说是否合适就可以了，不要去和你的合作伙伴比较。

说了半天，我们言归正传，看看在小微企业出纳一般要负责哪些工作吧——

1.办理现金、银行存款等货币资金的收付业务。

2.保管空白支票、发票、各种有价证券（如国库券、债券、股票等）、收据以及有关印章。

从内部控制的有效性上讲，出纳员不得同时保管资金付出所需要的全部印章，以便保证资金的安全性，但在很多小微企业，为了收付款项的便利，老板会将包括法人章在内的所有印章都交由出纳员保管，这样就给出纳员提供了贪污、挪用资金的便利条件，会对资金的安全带来隐患。

我的一位朋友，她所在的公司就是这样，虽然她就这个问题向老板提了建议，但老板并未采纳。如果你是会计，你的公司也存在这种情况，你最多向老板建议一次就够了，无论老板是否采纳，最好不要再次提及。老板如此信赖出纳，自然有他的道理。

3.保管保险柜的密码和钥匙。

记得有一次，我正和一位朋友聊天，她原来在某公司当出纳，辞职出来已经有两个多月了，这时候，她接了一个电话，是公司现在的出纳员打来的，问她是否还记得保险柜的密码。她很干脆地给了对方一个否定的回答。随后朋友告诉我，保险柜的密码，她是不可能忘记的，但绝对不能说还记得，否则，一是密码可能会涉及自己的隐私，更重要的是，如果公司的资金这段时间出现了问题，可能会牵扯自己。

所以，记着，如果你是出纳，在接手保险柜后的第一要务就是更改密码，并绝对保密，更不能告诉老板和会计。如果你是会计，在出纳员打开保险柜的时候，你一定要回避（一般保险柜会放在一个不容易被看到的角落），如果你没有不良企图，你就没必要知道密码，而且最好不要知道。

4.登记现金、银行存款日记账，并定期编制出纳收支报表。

5.进行货币资金清查。

出纳员必须在每日营业终了，结出库存现金日记账余额并实地盘点现金，将库存现金日记账余额与实地盘点结果核对，以便及时发现溢缺；定期与银行对账，编制银行存款余额调节表（人们的习惯做法）。

　　需要说明的是，现金的清查和银行存款的对账工作从内部控制的有效性上讲，和出纳的货币资金收付职责是不相容的，也就是说，现金的清查和银行存款的对账，应当由出纳以外的人员负责，以便对出纳的日常工作起到一个监督作用。但在小微企业，大多是直接由出纳员自己做了，因为很多人认为，货币资金收付工作既然是由出纳负责的，相应的清查当然由其做起来更顺手，也更合理。

　　所以人们的很多习惯做法有时也是不对的。如果你是企业的管理者，建议你最好把货币资金的清查工作交给会计来做。当然，如果你极其信赖出纳，同时也不希望会计了解太多的资金收付情况，你就把这个职能赋予出纳。如果你是会计，我个人的观点是，如果公司的原有制度中没把货币资金清查的职权给你，你是否需要向老板提出"货币资金收付"与"货币资金清查"职责要分离的建议，一定要三思。因为这将影响你和出纳的关系，少干点活，对你也没什么不好，公司是老板的，不是你的，对吧。

　　说完了出纳的岗位职能，下面我们该一起了解会计的岗位职能了。

9

（二）会计的岗位职能

　　在分析会计的岗位职能之前，我们有必要先了解一下会计的概念。

　　所谓会计，人们是这样定义的：会计是以货币为主要计量单位，反映和监督一个单位经济活动的一种经济管理工作。

　　注意有画线的文字，这是理解会计概念的关键点。会计的主要工作就是对单位发生的经济业务进行核算（也就是通常所说的记账、算账），这就需要给纷杂的经济业务选择一个通用的计量标准，货币（金额）自然就是最好的计量尺度。比如一张桌子和一把椅子是无法直接相加，但如果我们知道一张桌子的价钱是 500 元，一把椅子的价钱是 80 元，如果单位拥有 10 张桌子和 40 把椅子，那么谁都知道单位这部分资产的价值是 8 200【5 000+3 200】元。所以货币（金额）是会计核算中的主要计量单位。

　　那么在会计核算中还需要其他的计量单位吗？当然需要。因为货币只是一种主要计量单位，为了更加全面地反映单位的经济业务发生情况，会计人员在进行核算时往往还需要其他一些辅助计量单位，比如上例中桌子和椅子的数量。试设想一下，如果我们只在账簿中记载了价值 8 200 元的桌椅，不记载其数量情况，是不是也无法全面地了解单位的资产情况？所以我们才有了三栏账（只记载金额）、数量金额账（需要记载数量、单价、金额）、多栏账（需要根据核算内容分专栏填写）的区分，以后我们会专门细讲。

理解会计工作的第二个关键点就是它是一种经济管理工作。一谈管理，很多人就会认为会计人员属于领导职务，因为会计人员掌控着单位的资金。其实这种观点是不对的。会计部门只是一个单位不可或缺的职能部门，就像人力资源部门要做好人员的调配工作、采购部门要做好物资的采购工作、质检部门要把好产品的质量关一样，会计部门的工作就是管理好单位的资金。一是进行正确记载；二是要监督其使用情况；三是保证单位资金流的畅通，更好地为单位良性发展运行服务。所以千万不要认为选择了会计这一职业就是选择了领导岗位，要记住，会计部门作为掌管着单位血液（资金）的职能部门，更应当树立良好的服务意识，从而为各个器官（单位其他职能部门）合理分配血液（资金），以保证单位健康发展。

一个合格的会计人员需要做的工作除了人们所熟知的记账、算账以外，还应当能够系统地完成以下工作：

1. 了解《会计法》和会计准则、会计制度；

2. 熟悉本单位的生产经营和业务管理情况，结合本单位管理需要，协助公司高管建立健全适合于本单位的内部会计管理体系（这需要对公司有一个整体认识，并熟悉不相容职务的内容）；

3. 根据单位的实际需要设置账簿，即建账；

4. 能够正确地填制、审核原始凭证，编制记账凭证；

5. 能够正确地完成记账工作（包括记账、对账、结账）；

6. 正确计算成本；

7. 做好财产清查，保证财产物资和货币资金的安全；

8. 及时、准确地编制会计报表；

9. 做好会计档案管理，对单位每年形成的会计凭证、会计账簿和会计报表等会计信息资料，都要严格按照归档的要求，整理立卷和装订成册；

10. 妥善保管财务专用章及发票等；

11. 严格保守本单位的商业秘密，除法律规定和单位领导人同意外，不能私自向外界提供和泄露单位的会计信息；

12. 当好高管的理财助手，筹划好整个单位的资金运营；

13. 办理其他会计事项。

看上去内容很多是吗？可别被这些序号吓住，其实会计的核心工作就是人们所熟知的记账、算账，其他内容只是以此为中心的辅助工作。等你看了后面的会计核算业务流程就知道了。

11

任务三　了解不相容职务

我们在前面反复提到了一个词，叫做"不相容职务"，那么到底什么是"不相容职务"，在财务管理中，哪些职务是不相容的呢？

不相容职务是指一个人（或一个部门）不能同时担当的两项或两项以上的职务，否则既可能发生错误和舞弊行为，又可能掩盖其错误和弊端行为的职务。不相容职务分离的核心是"内部牵制"，它要求每项经济业务都要经过两个或两个以上的部门或人员的处理，使得单个人或部门的工作必须与其他人或部门的工作相一致或相联系，并受其监督和制约。

　　职务分离控制的内容包括：一是不相容职务应在组织机构之间分离。例如，企业的商品请购应由使用或保管部门填写请购单，经批准后由交采购部门负责采购，然后必须由独立于采购与保管的验收部门负责验收，以保证所购为所需，所收为所购。二是不相容职务应在组织结构内部分离。例如，在财会部门内部，填制凭证的人员和审核凭证的人员应当分离，以保证凭证的正确性。

　　那么，在财务管理中哪些职务是不相容的呢？

一、财务管理中的不相容职务

　　一般情况下，单位的经济业务活动通常可以划分为授权、签发、核准、执行和记录五个步骤。如果上述每一步都有相对独立的人员或部门分别实施或执行，就能够保证不相容职务的分离，从而便于内部控制作用的发挥。

　　不相容职务的分离原则可以概括为：

　　1. 授权进行某项经济业务和执行该项业务的职务要分离；

　　2. 执行某项经济业务和审核这项经济业务的职务要分离；

　　3. 执行某项经济业务和记录该项业务的职务要分离；

　　4. 保管某财产物资和对其进行记录的职务要分离；

　　5. 保管某财产物资和清查该财产物资的职务要分离；

　　6. 记录明细账、日记账和记录总账的职务要分离。

　　不过随着会计电算化的普及，总账、明细账、日记账都是直接根据所录入的凭证信息自动生成的，这种手工环境下的分离，也就失去了存在的可能性。而且，在小微企业，账的分离主要是出纳负责的库存现金账、银行存款账与会计负责的其他账项之间的分离。

　　那么，在单位的财务管理工作中应当加以分离的主要不相容职务有哪些呢?

1. 出纳不能担任稽核,会计档案保管,收入、支出、费用、债权债务账目的登记工作,即管钱的不能管账,不能自我稽核,不能保管档案,以便保证资金、账目以及其他档案资料的安全。

2. 支票保管人员不得同时保管签发支票所需的全部印章,即保证必须经过两个以上人员才能完成支票的开具工作。

3. 票据保管人员不能负责票据的贴现审批,防止私自套现。

4. 合同谈判人员与合同订立人员分离,以便保证合同内容的合理性。

5. 销售人员与赊销审批应分离,一般由销售部门的工作人员负责销售,而赊销则必须经过信用部门的审批,以防止无法回笼资金,尽可能减少坏账的发生率。

6. 采购申请与采购审批应分离,以保证采购的合理性。

7. 询价人员与最终确定供应商的人员要分离,以保证采购价格的合理性。

8. 合同订立人员与审批人员要分离,以便保证合同订立的科学性、合理性。

9. 采购人员与验收人员要分离,以保证所采购物资与实际收到货物的一致性,防止以次充好的采购舞弊行为。

10. 采购人员、验收人员与负责会计记录的人员要分离,使会计人员能够对采购、验收工作进行监督。

11. 付款审批与付款执行分离,以保证所有的付款行为都必须经过审批,避免资金的任意流出。

12. 记录应付债券与债券发行工作分离,使记录与发行相互监督(小微企业一般不涉及)。

13. 验收与生产部门要分离,以保证产品的生产质量。

14. 资产的保管与记录要分离,以保证资产的安全,如存货的库管员要有一套登记数量增减的台账,财务还应当有一套存货账,二者互相牵制。

15. 存货的发出、申请、记录要分离，以防止任意发货。

16. 资产的处置申请、审批与记录要分离，防止不合理处置财产，以及侵吞资产。

17. 人事、考勤、薪酬发放、记录分离，确保薪酬支出的合理性。

18. 销售货款的确认、回收、记录分离，以有效防止坐支、挪用、贪污等行为。

19. 销售业务经办与发票开具分离，保证销售的商品与开具的发票内容一致。

20. 坏账准备的计提、批准分离，保证坏账估计的合理性（小微企业不涉及）。

21. 坏账的核销与批准分离，防止通过核销坏账，侵吞公司款项。

二、小企业对不相容职务处理的特点

由于公司的规模不同，业务的复杂程度不同，所以不相容职责的分离程度也会有所不同。一般情况下，规模较大、业务比较复杂的公司，职责分离的程度会细一些；而业务比较简单、人员较少的小公司，出于成本效益的考虑，通常要一人多岗，岗位分工也只能是因陋就简，所以不相容职责分离的程度自然要差一些，这时更需要管理层在制度设计上下一番功夫。职责分离是"内部控制"的内容之一，需要的话，你可以从内部控制学中了解更详细的内容。

第1步
第2步
第3步
第4步
第5步
第6步
第7步
第8步
第9步
第10步

2

熟悉会计核算的一般
业务流程

真账 实操：
企业会计轻松做

在前面，我们已经对会计的岗位职能以及在财务管理中要关注的一些问题有了一个大体的认识，现在，我们要做的工作就是熟悉一下会计工作的一般业务流程以及最常用的科目汇总表核算形式的会计处理流程。

任务一　熟悉会计工作的一般业务流程

会计工作的一般业务流程，我们可以用一个简易的流程图（如图2-1所示）来直观地加以认识。

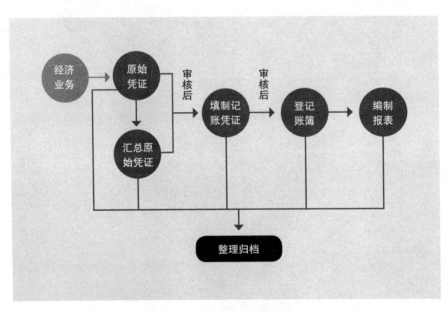

图2-1　会计核算业务流程图

现在就以我们最熟悉的发放工资为例，来分析一下会计工作的业务流程。

　　首先需要编制工资结算单（原始凭证，见表 2-1），你是不是觉得很眼熟？很像发工资时自己拿到手中的工资条对吗？的确，"工资结算单"一般应一式三份：一份由人力资源部门存查；一份按每一位职工裁成工资条，连同工资一起发给职工；一份在发放工资时由职工签章后交财会部门作为工资核算的凭证，并用以代替工资的明细核算（现在由于普遍采用的是将薪酬打进工资卡的方式，所以就不需要职工签收这个环节了）。由于工资结算表是按各个车间、部门分别编制的，因此，只能反映各个车间、部门工资结算和支付的情况。要对整个单位的工资情况有一个全面的了解，就需要再根据各个部门编制的"工资结算单"汇总编制"工资结算汇总表"（汇总原始凭证，见表 2-2，其实大部分业务是不需要编制汇总原始凭证的）。**请关注一下表 2-1 最后一行数字和表 2-2 中第一行数字间的关系，可以帮助你更好地理解原始凭证和汇总原始凭证的关系。**

　　注意到"工资结算单"中的"应付工资"（16 380.00 元）和"实发金额"（12 940.20 元）了吗？ <u>"应付工资"就是会计人员应当计入相应部门费用的"人工费用"；"实发金额"就是财务部门要打入员工工资卡或直接发到员工手中的现金；"代扣款项"则需要与单位负担的部分一起交给有关部门。</u>

17

　　如果经过审核，"工资结算单"和"工资结算汇总表"没有问题，会计人员就可以根据这些<u>原始凭证（原始凭证汇总表）填制"记账凭证"了，记账凭证再经过审核后就可以据以登记账簿，再经过对账、结账，最后编制完成会计报表。</u>这些内容相对比较专业，我们会在后面逐条学习。

　　会计凭证（包括原始凭证、记账凭证）、会计账簿、会计报表等会计资料，要定期整理立卷或装订成册，暂由会计部门保管 1 年之后，编制清册，移交档案部门按要求进行保管。至此，我们的整个会计核算业务流程就完成了。

表 2-1 工资结算单

编制单位：一车间　　　　　　　　　　2014 年 3 月　　　　　　　　　　单位：元

姓名	基础工资	奖金	加班工资	缺勤应扣	应付工资	代扣款项		实发金额
						社保（11%）	住房公积金（10%）	
刘芳	2 400.00	80.00	100.00		2 580.00	283.80	258.00	2 038.20
赵明	2 250.00	50.00			2 300.00	253.00	230.00	1 817.00
王丽	2 325.00	50.00			2 375.00	261.25	237.50	1 876.25
牛亮	2 175.00	50.00			2 225.00	244.75	222.50	1 757.75
吴同	2 370.00	50.00			2 420.00	266.20	242.00	1 911.80
李勇	2 430.00	50.00			2 480.00	272.80	248.00	1 959.20
李兰	1 950.00	50.00			2 000.00	220.00	200.00	1 580.00
合计	15 900.00	380.00	100.00	0	16 380.00	1 801.80	1 638.00	12 940.20

　　注：如河北省目前的社会保险的缴纳比例为：养老保险：企业负担20%，个人负担8%；医疗保险：企业负担6%，个人负担2%；失业保险：企业负担2%，个人负担1%；工伤保险：企业负担1%，个人不负担；生育保险：企业负担0.6%，个人不负担。工资结算单中代扣的社会保险11%是应由个人负担的三险，这部分款项将和企业负担的五险一并缴存到指定的社保账户。你是不是经常听人们说起"五险一金"或"三险一金"，其实所指的内容是一致的，"五险一金"是站在企业的角度讲，"三险一金"是站在个人的角度讲，两种说法都没有错。再就是要注意，各地的社会保险和住房公积金的缴纳基数、比例各有差别，一定要根据当地的政府文件计算缴纳。而且随着人们对社保费用负担过重的讨论不断热化，社会保险的缴费基数、比例等以后很可能发生变化，你记着根据政策变化调整就可以了。

表 2-2

工资结算汇总表

编制单位：博飞公司　　　　　　　　　　　　　　　　　　2014 年 3 月　　　　　　　　　　　　　　　　　　单位：元

部门\人员		人数	基础工资	奖金	加班工资	缺勤应扣	应付工资	代扣款项		实发金额
								社保	住房公积金	
一车间	生产工人	7	15 900.00	380.00	100.00	0.00	16 380.00	1 801.80	1 638.00	12 940.20
	管理人员	2	5 470.00	360.00	150.00		5 980.00	657.80	598.00	4 724.20
二车间	生产工人	21	51 900.00	1 944.00		294.00	53 550.00	5 890.50	5 355.00	42 304.50
	管理人员	3	8 540.00	819.00			9 359.00	1 029.49	935.90	7 393.61
三车间	生产工人	19	48 312.00	9 060.00		216.00	57 156.00	6 287.16	5 715.60	45 153.24
	管理人员	3	8 120.00	1 266.00			9 386.00	1 032.46	938.60	7 414.94
销售部		4	15 540.00	2 382.00	1 260.00	27.00	17 895.00	1 968.45	1 789.50	14 137.05
行政部		7	23 480.00	1 977.00		48.00	26 669.00	2 933.59	2 666.90	21 068.51
合计		66	177 262.00	18 188.00	1 510.00	585.00	196 375.00	21 601.25	19 637.50	155 136.25

任务二 了解会计处理程序

熟悉了会计核算的一般程序，我们还需要认识另外一个流程，就是"会计处理程序的基本流程模型"。那么什么是"会计处理程序"？会计处理程序有哪些种类？它们会对我们记账产生怎样的影响？我们需要掌握的是哪种？这就是任务二要学习掌握的内容。

一、会计处理程序

简单来说，会计处理程序就是指从取得、审核原始凭证开始，到填制审核记账凭证、登记账簿，最后完成财务报表编制全过程的具体会计程序组织方法。

其基本流程模型如图 2-2 所示。

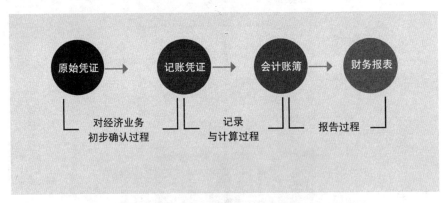

图 2-2 会计处理程序基本流程模型

这是一个基本流程的模型，具体如何完成这一系列的工作，要因不同的会计处理程序而异。

二、会计处理程序的种类

目前，我国各单位的会计处理程序因其登记总账的依据和方法不同，主要包括以下四种类型：

1. 记账凭证会计处理程序；
2. 科目汇总表会计处理程序；
3. 汇总记账凭证会计处理程序；
4. 多栏式日记账会计处理程序。

其中，"记账凭证会计处理程序"是最基本的会计处理程序；"科目汇总表会计处理程序"则是最常用的会计处理程序，也是我们必须要掌握的会计处理程序。其他会计处理程序现在基本上只是限于理论讲解，鲜有应用，所以你可以作为兴趣去了解，但没必要下大力气去掌握。因为，即使是在会计电算化普及的今天，人们的主要工作变成了负责原始数据的录入和经济业务的分析，记账工作都是由计算机程序自动完成了，但会计软件的开发仍然继续沿用"科目汇总表会计处理程序"的工作理念，要了解会计软件的后台工作情况，你就需要了解"科目汇总表会计处理程序"这种会计处理程序的工作流程。

但是，因为"科目汇总表"的编制需要建立在能够分析经济业务、编制记账凭证的基础上，所以，我们先把这种会计处理程序的流程及工作原理放下，等学到"**第五步：学会分析经济业务，填制记账凭证、编制科目汇总表**"的时候，你就很自然地明白了。

要学会分析经济业务，就必须会看票，会计术语叫"原始凭证"。现在，我们就先一起来学习一下怎样开票和审票吧。

21

第1步
第2步
第3步
第4步
第5步
第6步
第7步
第8步
第9步
第10步

3

学会填制与审核原始
凭证及汇总原始凭证

真账 实操:
企业会计轻松做

任务一　填制原始凭证

一、原始凭证的内容与填制要求

我们平时说的"开张发票"，或者"开个收据"，这些单据其实就是会计工作中所说的"原始凭证"。用术语解释就是：**原始凭证**是在经济业务发生或完成时取得或填制的，用以记录或证明经济业务发生或完成情况、明确经济责任、具有法律效率的书面证明。

从前面学过的"会计处理程序基本流程模型"（图2-2）中，你不难发现，原始凭证（即俗称的"票"）是我们整个会计处理程序的起点，它是会计工作中最重要的东西，是记录经济业务发生情况的载体，没有合法有效的原始凭证，你就没办法填制"记账凭证"，没办法"下账"（记账），所以，要当会计，首先就要学会"开票"和"审票"，因为并不是所有的票都符合法律规定而能据以下账（记账）的。

（一）原始凭证的种类

原始凭证按其来源分为外来原始凭证和自制原始凭证。

外来原始凭证是从本单位以外的单位或个人取得的凭证。比如我们乘车的车票、购买商品的发票、交款的收据、吃饭的定额发票等等，也就是说只要不是来源于自己单位的凭证，都属于外来的原始凭证。

自制原始凭证则是在经济业务发生或完成时，由本单位有关人员自行填制的原始凭证。比如我们前面看到的"工资结算单"，还有我们报销差旅费填制的"差旅费报销单"，收到物资时填制的"物资验收入库单"，领用材料时填制的"领料单"，产品完工交库时填制的"产品入库单"，发出产品时填制的"产品出库单"等等。

外来原始凭证和自制原始凭证共同组成了我们会计核算所需要的所

有原始凭证，是我们做进一步会计核算的最初的依据。

（二）原始凭证的构成要素与填制方法

1. 原始凭证的构成要素

原始凭证一般应具备下列基本要素（如图 3-1 所示）。

（1）原始凭证的名称及编号；

（2）填制原始凭证的日期；

（3）经济业务的内容、数量、计量单位、单价、金额（根据经济业务内容确定具体包括项目，但至少要包括内容和金额）；

（4）接收凭证单位名称；

（5）填制凭证单位名称、公章以及有关人员签章。

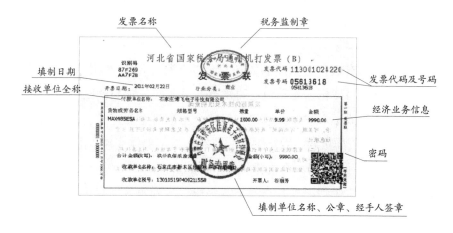

25

图 3-1 原始凭证的构成要素示例

2. 原始凭证的填制方法

在填制原始凭证的时候，一定要注意以下规范性要求：

（1）内容要完整

要注意单位名称要写全称，不可以写简称；抬头和经办人不可漏填；盖章要清晰，如果第一次盖章不清楚，应当在其他位置重新盖章；

盖章的时候注意不要压住金额，防止金额看不清。

（2）内容要真实正确

这是法律法规对会计核算的原则性要求，也就是要求经济业务的内容和金额要真实、准确。不过在现实生活中你可能经常会碰到填开虚假内容发票的情况，比如央视曝光的"礼品册"，礼品公司可以根据送礼单位的要求开成"办公用品"、"会议费"等，这是违反法律规定的。有一点必须记住，就是你开的内容不能超出你们的经营范围，比如，你是一家经营食品的公司，开办公用品的发票就说不过去了。

（3）小写金额的规范填写

①阿拉伯数字应逐个书写，不得连笔或书写不清，并注意在前面填写货币符号"￥"，"￥"和阿拉伯数字之间不得留有空白。

②印有数位分隔线的凭证的写法直接对应相应的数位填写数字即可，注意无角分的，角位和分位应分解写"0"，也就是角位和分位不得为空或"–"。

③没有印有数位分割线的凭证，元以上每三位加"，"作为分节符隔开，"，"占1/4格，元和角之间要点上小数点（如￥1,000,000.00）。

初学者一般不习惯加分节符，但这个习惯一定要养成，这就像敲打键盘要按指法一样重要，数字中的分节符可以帮助你快速、准确地定位，当你习惯了使用分节符，会给你省去很多的麻烦。

除表示单价等情况外，小写金额一律要写到角分。有角无分的，在分位上写"0"，如23.50元，不能写成"23.5"或"23.5–"；无角无分的，应在元位后点上小数点，并在后面写上"00"，或在字体高度中间画一条横线，如20.00元，可以写成"20.00"或"20.–"，但不能写成"20"，因为后一种情况别人可以在后面添加数字（如很容易把20修改为200）。

技术提示：

在实务中因为"，"和"."有时候不易分清，为了方便区分角分位的数字，可以在书写时将角分位的数字向上稍错半格书写，这样既直观也可以有效防止被人添加数字（如图 3-2 所示）。

进行分节是为了便于定位读数，这是一个很重要的行为习惯，一定要养成，既可以提高你的读数速度，在数字较大的情况下也可以避免少或多写金额！（如图 3-2 所示）

$$1,234,000.^{00} \qquad 23.^{50} \qquad 20.^{\underline{}}$$

图 3-2 数字书写示例

④如果凭证中有专门的"合计行"内容，则前面的分项（一项或多项）金额就不需要加"¥"符号了，只需要在合计行填写上"¥"封住数字就可以了（一般见于印有数位分割线的情况）；如果凭证上已经印有"¥"或（小写）（一般见于没有印数位分割线的情况），则一定要注意填写合计数时必须紧挨"¥"或"（小写）"填写，防止被别人添加数字（如图 3-3 所示）。

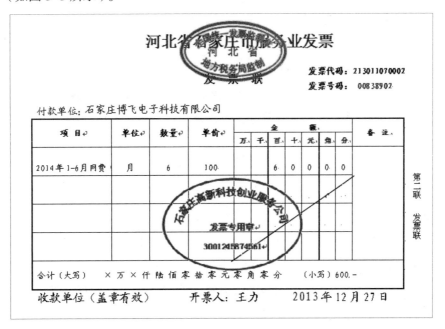

图 3-3 机打发票示例

现在，我们来对比图 3-3 看一看下面这张发票（图 3-4）有哪些地方填写不规范？

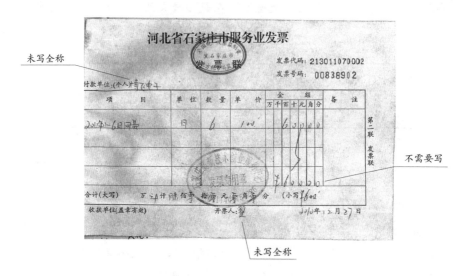

图 3-4　手开发票示例

很多人是这样开票的，特别是开票人经常只写一个姓，这是不符合要求的。你不要犯相同的错误哟！

（4）大写金额的规范填写

①大写金额的规范字样：壹、贰、叁、肆、伍、陆、柒、捌、玖、拾、佰、仟、万、亿、元（圆）、角、分、零、整（正）。不得用一、二（两）、三、四、五、六、七、八、九、十、毛、另填写。

②如果"合计行"中印有"人民币大写／金额大写"字样后给出了"万、仟、佰、拾、元、角、分"等分级单位时，要注意将金额前的空项划销（如图 3-3 所示）或填写"零"字占位，以防止被别人添加金额。

③如果"合计行"中只印有"人民币大写／金额大写"字样，没有给出"万、仟、佰、拾、元、角、分"等分级单位时，则要注意在填写大写金额时要紧挨"人民币大写／金额大写"字样填写大写金额，以避免别人添加数字（如图 3-1 所示）。

④如果"合计行"中没有印"人民币大写 / 金额大写"字样的，则应当在大写金额前加填"人民币"三个字，如"人民币贰佰元整"。

⑤中文大写金额到"元"为止的，在"元"之后应写"整"或"正"字；到"角"为止的，在"角"之后可以写"整"或"正"字，也可以不写（建议写）；到"分"为止的，"分"后不写"整"或"正"字。

⑥金额中间有"0"，或连续几个"0"的，但元位不是"0"，大写金额只写一个"零"字（注意不能写成"另"或"令"）。如¥2,001.42，应写作："人民币贰仟零壹元肆角贰分"；¥20,103.00 应写作"人民币贰万零壹佰零叁元整"。

元位是"0"，或紧连元位连续有几个"0"，中文大写可以只写一个"零"字，也可以不写"零"字。如¥500.21，应写作："人民币伍佰元零贰角壹分"，或写作"人民币伍佰元贰角壹分"。

角位是"0"，而分位不是"0"的，元位后应写"零"字。如¥117.02，应写作：人民币壹佰壹拾柒元零贰分。

表3-1

大小写金额对照书写示例

小写金额	大写金额		错误分析
	正确写法	错误写法	
¥100.00	人民币壹佰元整	人民币：壹佰元整	多了一个冒号
¥2,540.30	人民币贰仟伍佰肆拾元零叁角整	人民币两仟伍佰肆拾元零叁角整	不能把"贰"写成"两"
		人民币贰仟伍佰肆拾元整零叁角	"零"的位置错误
		人民币贰仟伍佰肆拾元零叁角零分	不需要写"零分"
¥34,001.00	人民币叁万肆仟零壹元整	人民币叁万肆仟零另壹元整	将"零"错写成了"另"
		人民币叁万肆仟零零壹元整	中间连续几个零的只需要写一个零
¥100,300.00	人民币壹拾万零叁佰元整	人民币拾万零叁佰元整	漏写了"壹"和"佰"
¥12.06	人民币壹拾贰元零陆分	人民币拾贰元陆分	漏写了"壹"和"零"
¥3,026,000	人民币叁佰零贰万陆仟元整	人民币叁佰万零贰万陆仟元整	多写了一个"万"
¥800.05	人民币捌佰元零伍分	人民币捌佰零伍分	漏写了一个"元"

你有没有自己试着写一下，有没有犯相同的错误？

了解了原始凭证的构成要素，学会了基本的填制方法，俗话说："光说不练，不是好汉"，下面我们就一起来填制一些常用的票据吧。

二、常用原始凭证的传递流程及填制示例

总体要求：银行、单位和个人填写的各种票据和结算凭证是办理支付结算和现金收付的重要依据，直接关系到支付结算的准确、及时和安全。票据和结算凭证是银行、单位和个人凭以记载账务的会计凭证，是记载经济业务和明确经济责任的一种书面证明。因此，填写票据和结算凭证，必须做到标准化、规范化，要素齐全、数字正确、字迹清晰、不错漏、不潦草，防止涂改。

（一）收据的开具

在学习填写收据之前，我们先来了解一下收据的传递流程，对收据的传递有一个立体式的概念（如图 3-5 所示）。

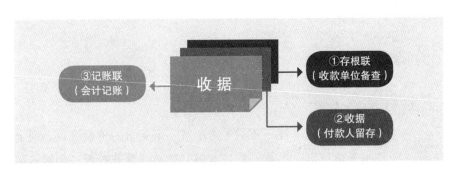

图 3-5　收据传递流程

图 3-6　收据填开示例

收据的开具比较简单，把握以下几个关键点就可以了：

1. 按实际收款日填写日期，小写即可；

2. 写明交款单位（或个人）的全称；

3. 写明交款类型（现金、支票、其他）；

4. 写明收款事由；

5. 正确填写大小写金额；

6. 加盖公章；

7. 经办人签章；

8. 其他。

（二）支票的签发

和学习收据的填开一样，我们先来了解一下支票的传递流程。现金支票一般是用于单位自己提款，其基本程序就是**"填开支票→到银行取款→将款项放入保险柜以备支出"**，所以流程比较简单。而转账支票是用于单位之间结算款项的，所以稍显复杂一些，不过，看一下其业务流程图，就一目了然了（如图 3-7 所示）。

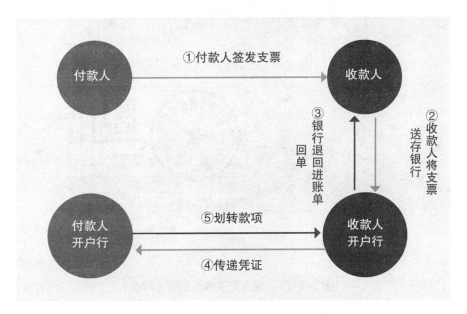

图 3-7　转账支票传递流程

　　了解了支票的传递流程，下面我们一起看一下后面的四张图片（图3-8至图3-9），看一下真实的现金支票和转账支票是怎么填写的吧。

图 3-8-1　现金支票填写示例（正面）

图 3-8-2　现金支票填写示例（背面）

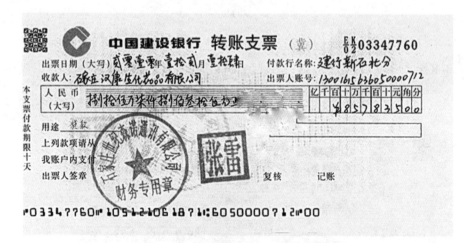

图 3-9-1　转账支票填写示例（正面）

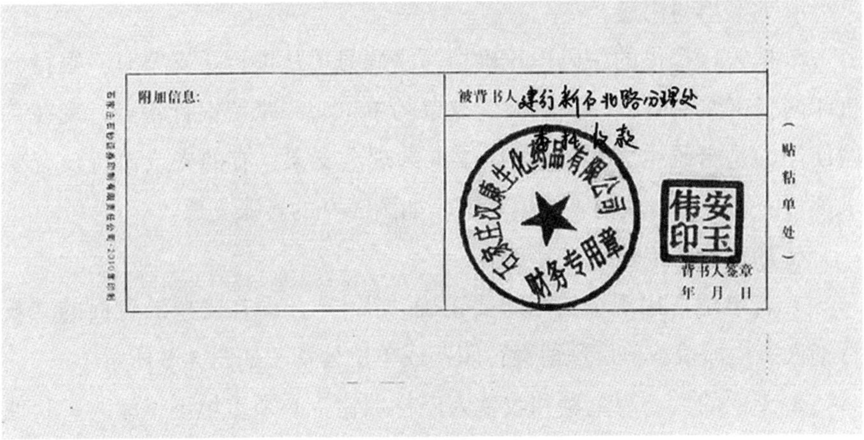
附加信息：
被背书人 建行新市北路办理处
委托收款
石家庄汉康生化药品有限公司 财务专用章
安玉伟印
背书人签章
年 月 日
（贴粘单处）

图 3-9-2　转账支票填写示例（背面）

支票作为极其重要的支付工具，具有见票即付的特点，所以，为了保证其使用的安全性，在填开方面有着非常严格的规定：

1. 中文大写金额数字应用正楷或行书填写，具体填写方法按前面讲过的“大写金额填写规范”的要求填写就可以了。

2. 阿拉伯小写金额数字前面，均应填写人民币符号“¥”，阿拉伯小写金额数字要认真填写，不得连写分辨不清。

3. 要特别注意的是支票出票日期的填写：

（1）出票日期必须使用中文大写。

（2）签发日期应当是实际签发支票的日期，不得漏填或预填。

（3）为防止变造票据的出票日期，在填写月、日时，月为壹、贰和壹拾的，日为壹至玖和壹拾、贰拾和叁拾的，应在其前加“零”；日为拾壹至拾玖的，应在其前加“壹”。如 1 月 16 日，应写成“零壹月壹拾陆日”。再如 10 月 30 日，应写成“壹拾月叁拾日”。

掌握要点就是：凡是可能在前面或后面加数字的都应当用“零”或“壹”封住。

（4）票据出票日期使用小写填写的，银行不予受理。大写日期未按要求规范填写的，银行可予受理，但由此造成损失的，由出票人自行承担。

4. 如实填写用途。

5. 按银行提供的密码单正确填写密码号（从银行买支票时，银行会打印两张支票密码，一张给领购支票的单位，一张留银行备查，现在普遍使用的是密码生成器），如图 3-8 的现金支票；有的支票银行没有要求填写密码，当然就不需要填写了，如图 3-9 的转账支票。

6. 加盖预留银行印鉴要齐全。

7. 若单位自用现金，则需要正确"背书"，即在支票的背面的"被背书人"栏加盖本单位预留银行印鉴或单位公章（如图 3-8 所示）。

8. 支票的大小写金额和收款人三栏填错，必须重填不得涂改；其他栏目填错，可由签发人在改正处加盖预留银行印鉴证明（注意有些银行只要支票有错项即不予受理）。

9. 违规处理：出票人签发空头支票（存款余额不足的支票）、签发与预留银行印鉴不符的支票、签发支付密码错误的支票，银行予以退票，并按票面金额处以 5% 但不低于 1 000 元的罚款；持票人有权要求出票人赔偿支票金额的 2% 的赔偿金。

10. 因为支票是按顺序编码的，而且直接关系资金，所以作废的支票一定要加盖"作废"戳记（手写也可以）后妥善保管，否则一旦出现资金问题，缺失的支票将会给你带来不必要的麻烦。在后面将要学到的"银行日记账"中你会发现单位开出的每一张支票的号码都会连续地、完整地、一目了然地记录在银行日记账中，很容易就能发现缺失的票号（如图 6-9 所示）。

所以填开支票一定要认真，而且买支票也很贵的。

你注意到现金支票和转账支票在背书（即支票背面的书写信息）上的区别了吗？自己提取现金备用的支票，背书印鉴是开票公司的，而转账支票的背书印鉴则是收款人的。

（三）普通发票的开具

同样，我们先来了解一下普通发票的传递流程（如图 3-10 所示）。

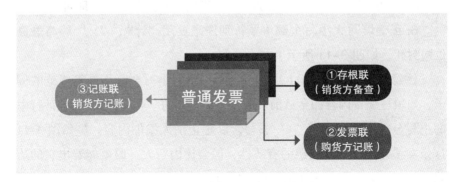

图 3-10　普通发票传递流程

客户为"个人"的发票，在
付款方财务中不能入账，但
收款方这样开具没有问题

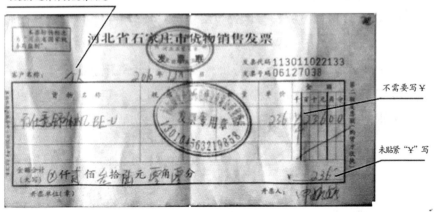

不需要写¥

未贴紧"¥"写

图 3-11　手写普通发票示例

如果已经能够正确地填开支票，发票的填写就简单多了。我们一起看一下图 3-11。

注意以下几点：

1. 必须按照规定的时限、号码顺序填开。

2. 正确填写日期，小写即可。

3. 写明客户全称。

4. 填写时必须项目齐全，内容真实，字迹清楚，手开发票要全份一次复写，各联内容完全一致。

5. 划销空行（一般是将金额栏自左下角至右上角画直线即可）。

6. 正确填写大小写金额（要特别注意要用"计"、"×"等将最高位数封死，如图 3-11 所示）。

注意我给出的图 3-11 是一个经常见到的小写金额不是很规范的例子，如填写项目内容的金额前一般是不需要填写"¥"符号，而合计行中的小写金额应当紧贴着"¥"书写，以防止别人添加内容。虽然图 3-11 这张发票并不影响该发票的有效性，但会让内行人一眼就能看出它的疏漏之处，你记住要养成规范填写的好习惯哦！

7. 加盖单位财务印章或者发票专用章。

8. 经办人签章。

9. 填错发票，应书写或加盖"作废"字样，完整保存各联备查。

10. 丢失发票应及时报告主管税务机关，并在报刊、电视等新闻媒介上公开声明作废，同时接受税务机关的处理。

现在很多地区已经逐步推行机打发票，这就使开票的工作简单多了，你只需要按界面提示输入必要信息就可以了，一定要记住打印后加盖单位印章（注意印章不能盖住金额），如图 3-12 所示。

图 3-12　机打普通发票示例

（四）增值税专用发票的开具

增值税专用发票为一式四联，具体作用如图 3–13 所示。

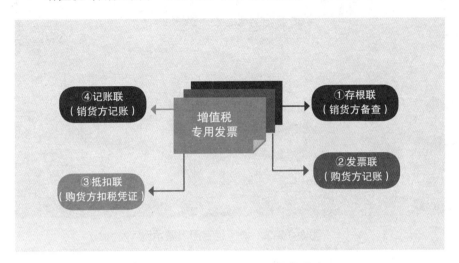

图 3–13　增值税专用发票的传递流程

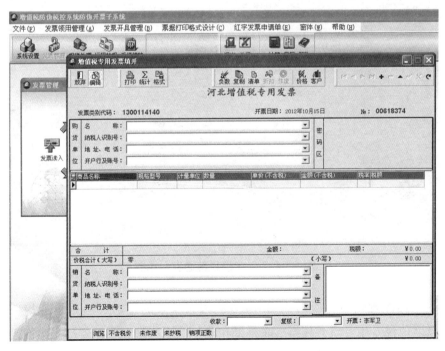

图 3–14–1　增值税开票系统界面

图 3-14-2　增值税专用发票示例

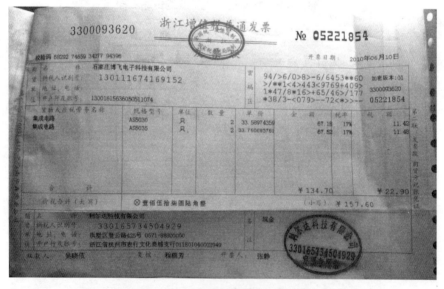

图 3-14-3　增值税普通发票示例

　　你注意到图 3-14-2 与 3-14-3 的两张发票的差别了吗？图 3-14-2 是增值税专用发票，其第二联是抵扣联，有了这张发票，公司在购货过程中已经缴纳的增值税（如示例中的 72.65 元税额）就可以用来抵扣应缴纳的增值税了（通俗而言就是能够少交相应的税款），而第三联才是发票联。在这个实例中，公司应计入物资采购成本的金额应当是427.35元，应计入"应交税费——应交增值税——进项税额"的是72.65元。而图3-14-3是增值税普通发票，没有抵扣联，所以其第二联就是发票联，所以示例中的商品价款134.70元和税款22.90元就应当全部计入货物的采购成本（157.60元）。这是你一定要记住的，否则就会导致公司多缴税款或者要承担偷税的罚款损失。

两种发票看上去内容很相似，但用途差别却是很大的。专用发票的抵扣联是可以抵扣应缴纳的增值税的（所以千万别丢了），而普通发票虽然也标明了税额，但是不能用来抵扣应缴纳的增值税。

为了便于认证真伪，早在2003年各地就陆续取消了手开的增值税专用发票，所以现在的增值税专用发票都是采用机打的方式（如图3-14-1~3所示），并且都已经纳入了防伪税控系统，只要你到税务局购买了发票，正确登录后，开增值税专用发票比手工开普通发票简单多了，你只要注意以下几点就可以了：

41

1. 正确插卡，及时到税务局买票。

2. 正确填写购货单位信息，尤其是纳税人识别号。

3. 正确选择是含税价还是不含税价（一般一看价税合计就知道自己是否选对了）。

4. 一张发票只能一种税率，只能开八行商品。

5. 如果商品多于八行，需要开具清单，清单一张可打十二行，发票上只填写金额的合计数就可以了。

6. 打印即自动保存。

7. 正确加盖单位发票专用公章。

8. 其他内容诸如"销货方信息"、"密码"、"价税合计"等会自动生成。

知识链接 1：关于开具增值税专用发票的规定

1. 一般纳税人销售货物（包括视同销售货物在内）、应税劳务必须向购买方开具专用发票，但下列情况不得开具增值税专用发票：

（1）向消费者销售应税项目、销售免税项目。

（2）销售报关出口的货物，在境外销售应税劳务。

（3）将货物用于非应税项目，将货物用于集体福利或个人消费，将货物无偿赠送他人，提供非应税劳务（应当征收增值税的除外），销售不动产。

向小规模纳税人销售应税项目，可以不开具专用发票，一般开具普通发票。

2. 一般纳税人必须按规定的时限开具专用发票：

（1）采用预收货款、托收承付、委托银行收款结算方式的，为货物发出的当天。

（2）采用交款提货结算方式的，为收到货款的当天。

（3）采用赊销、分期付款结算方式的，为合同约定的收款日期的当天。

（4）设有两个以上机构并实行统一核算的纳税人，将货物从一个机构移送其他机构用于销售，按规定应当征收增值税的，为货物移送的当天。

（5）将货物交付他人代销的，为收到受托人送交的代销清单的当天。

（6）将货物作为投资提供给其他单位或个人经营的，为货物移送的当天。

（7）将货物分配给股东，为货物移送的当天。

3. 一般纳税人经国家税务机关批准采用汇总方式填开增值税专用发票的，应当附有国家税务机关统一印制的销货清单。

4. 销售货物并向购买方开具专用发票后，如发生退货或销售折让，应视不同情况分别按以下规定办理：

（1）购买方在未付货款并且未作账务处理的情况下，须将原专用发票的发票联和抵扣联主动退还销售方。销售方收到后，应在该发票联和抵扣联及有关的存根联、记账联上注明"作废"字样，整套保存，并重新填开退货后或销售折让后所需的专用发票。

（2）在购买方已付货款，或者货款未付但已作账务处理，专用发票发票联及抵扣联无法退还的情况下，购买方必须取得当地主管税务机关开具的进货退出或索取折让证明单（以下简称证明单）送交销售方，作为销售方开具红字专用发票的合法依据。销售方在未收到证明单以前，不得开具红字专用发票；收到证明单后，根据退回货物的数量、价款或折让金额向购买方开具红字专用发票，红字专用发票的存根联、记账联作为销售方扣减当期销项税额的凭证，其发票联和抵扣联作为购买方扣减当期进项税额的凭证。购买方收到红字专用发票后，应将红字专用发票所注明的增值税从当期进项税额中扣减。如不扣减，造成不纳税或少纳税的，属于偷税行为。

知识链接 2：国家税务总局关于简化增值税发票领用和使用程序有关问题的公告

为切实转变税务机关工作职能，进一步优化纳税服务，提高办税效率，国家税务总局开展了"便民办税春风行动"，全面全程提速办税，给诚信守法的纳税人提供更多的办税便利，现将简化增值税发票领用和使用程序有关问题公告如下：

一、简化纳税人领用增值税发票手续

取消增值税发票（包括增值税专用发票、货物运输业增值税专用发票、增值税普通发票和机动车销售统一发票，下同）手工验旧。税务机关应用增值税一般纳税人（以下简称一般纳税人）发票税控系统报税数据，通过信息化手段实现增值税发票验旧工作。

二、简化专用发票审批手续

一般纳税人申请专用发票（包括增值税专用发票和货物运输业增值税专用发票，下同）最高开票限额不超过十万元的，主管税务机关不需事前进行实地查验。各省国税机关可在此基础上适当扩大不需事前实地查验的范围，实地查验的范围和方法由各省国税机关确定。

三、简化丢失专用发票的处理流程

一般纳税人丢失已开具专用发票的发票联和抵扣联，如果丢失前已认证相符的，购买方可凭销售方提供的相应专用发票记账联复印件及销售方主管税务机关出具的《丢失增值税专用发票已报税证明单》或《丢失货物运输业增值税专用发票已报税证明单》（附件1、2，以下统称《证明单》），作为增值税进项税额的抵扣凭证；如果丢失前未认证的，购买方凭销售方提供的相应专用发票记账联复印件进行认证，认证相符的可凭专用发票记账联复印件及销售方主管税务机关出具的《证明单》，作为增值税进项税额的抵扣凭证。专用发票记账联复印件和《证明单》留存备查。

一般纳税人丢失已开具专用发票的抵扣联，如果丢失前已认证相符的，可使用专用发票发票联复印件留存备查；如果丢失前未认证的，可使用专用发票发票联认证，专用发票发票联复印件留存备查。

一般纳税人丢失已开具专用发票的发票联，可将专用发票抵扣联作为记账凭证，专用发票抵扣联复印件留存备查。

四、简化红字专用发票办理手续

一般纳税人开具专用发票后，发生销货退回或销售折让的，按照规定开具红字专用发票后，不再将该笔业务的相应记账凭证复印件报送主管税务机关备案。

五、实行分类分级规范化管理

对增值税发票实行分类分级规范化管理，提高工作效率，减少办税环节。

（一）以下纳税人可一次领取不超过3个月的增值税发票用量，纳税人需要调整增值税发票用量，手续齐全的，按照纳税人需要即时办理：

1.纳税信用等级评定为A类的纳税人；

2.地市国税局确定的纳税信用好，税收风险等级低的其他类型纳税人。

（二）上述纳税人2年内有涉税违法行为、移交司法机关处理记录，或者正在接受税务机关立案稽查的，不适用本条第（一）项规定。

（三）辅导期一般纳税人专用发票限量限额管理工作，按照《增值税一般纳税人纳税辅导期管理办法》有关规定执行。

六、建立高效联动的风险防控机制

税务机关在做好纳税服务，提高办税效率的同时，充分利用信息化手段，建立高效联动的风险防控机制，科学设立风险防控指标，加强日常评估及后续监控管理，提升后续监控的及时性和针对性，跟踪分析纳税人发票使用及纳税申报情况。对纳税人发票使用异常且无正当理由的，税务机关可重新核定发票限额及领用数量。

本公告自2014年5月1日起施行。《国家税务总局关于修订〈增值税专用发票使用规定〉的通知》（国税发〔2006〕156号）第二十八条、《国家税务总局关于修订增值税专用发票使用规定的补充通知》（国税发〔2007〕18号）第一条第（五）项、《国家税务总局关于下放增值税专用发票最高开票限额审批权限的通知》（国税函〔2007〕918号）第二条、《国家税务总局关于在全国开展营业税改征增值税试点有关征收管理问题的公告》（国家税务总局公告2013年第39号）第五条第（四）项同时废止。

特此公告。

附件：1.丢失增值税专用发票已报税证明单
　　　2.丢失货物运输业增值税专用发票已报税证明单

国家税务总局

2014年3月24日

（五）借款单的填制

员工因为需要出差、培训或其他原因，经常会向单位借款，"借款单"是单位上经常使用的原始凭证，我们先来了解一下它的传递流程和基本构成（如图3-15、图3-16所示）。

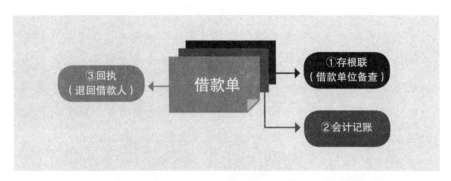

图 3-15　借款单传递流程

博飞机械有限责任公司借款单

2014年1月7日

部门	借款人姓名	借款事由	款项用途
综合部	李明	参加会议	差旅费
借款金额	人民币壹仟元整		￥1,000.00
备注：			
主管领导：张正　会计主管：李兰　部门主管：李平　出纳：丁新　经办人：李明			

图 3-16　借款单示例

注：借款单没有统一格式，各单位可以根据自己的特点和管理要求，自行设计，图3-16所示借款单基本包括了借款单的主要构成要素。

了解了"借款单"的传递流程和基本的构成要素，下面我们一起来学习一下借款单的填制：

第一步：借款人填写借款日期、所属部门、事由、借款金额等内容，并签字；

第二步：有关负责人审批签字；

第三步：财务主管核批；

第四步：交出纳支取现金或办理汇款等。

（六）差旅费报销单的填制

图 3-16 所示借款单显示李明出差向财务借款 1 000 元，现在李明出差回来了，他需要做的工作就是报销差旅费。这时候，就需要填制一份"差旅费报销单"多退少补，核销借款。如图 3-17 所示。

差旅费报销单

部门：综合部　　　　　　　　　2014 年 1 月 13 日

月	日	出发地	月	日	到达地	车船机票费	夜车补助	市内交通 实支	市内交通 包干	住宿费	出差补助 天数	出差补助 金额	其他	合计
1	8	石家庄	1	8	保定	22.00								22.00
1	10	保定	1	10	石家庄	34.00			60.00	460.00	3	300.00		854.00
		合计				56.00			60.00	460.00		300.00		¥876.00

出差任务	参加会议	报销金额人民币捌佰柒拾陆元整				预借金额	1,000.00
		单位领导	张正	部门负责人	李平	报销金额	876.00
				出差人	李明	结余或超支	124.00

会计主管：李兰　　　　记账：刘军　　　　出纳：丁新　　　　附单据：叁张

图 3-17　差旅费报销单示例

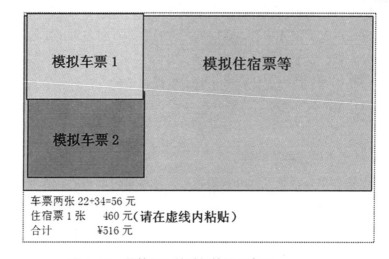

原始凭证粘贴纸

模拟车票 1　　模拟住宿票等

模拟车票 2

车票两张 22+34=56 元
住宿票 1 张　　460 元**（请在虚线内粘贴）**
合计　　　　¥516 元

图 3-18　原始凭证粘贴纸使用示意图

47

"差旅费报销单"可以采用单联式或双联式。具体填写步骤如下：

第一步：由出差人归类填写报销单的具体内容（如图 3-17 所示），其中所附单据应附在报销单后面，同时应写明单据具体张数，大小写均可，图示"附单据"为大写更严谨一些。为了方便起见，同时避免报销单因粘贴附件褶皱，所以很多单位会有专门的"原始凭证粘贴纸"（或用与记账凭证大小相似的白纸代替），把车票、住宿票等按照自右向左，由大到小的顺序进行粘贴（如图 3-18 所示）；粘好后最好捏住记账凭证的左上角抖几下，验证是否粘牢。最后建议在粘贴单的空白处分别写出每一类原始凭证的张数、单价、总金额，这样，当原始凭证不慎失落时，就很容易查明丢失的是哪一种原始凭证了。

第二步：填写完毕后，经财务部门负责人审核无误后，交单位负责人等批准签字。

第三步：交出纳员报销。

在很多单位是"财务一支笔"，即所有的款项支付都需要一把手签字，但更为科学有效的管理方式应当是按照费用的支出金额，分层次授权控制，一把手只需要控制大额支出就可以了。

我在企业调研中发现，很多单位在费用报销时，采用的流程是：个人申请→部门领导审批→单位领导审批→财务主管审批。让财务主管负责把最后一道关，其实这从权力级次上分析是不对的。因为单位领导的职权显然大于财务主管，但财务主管最后却有权力否定单位领导签字同意的东西，这是不是不合理？所以，如果你是财务人员或者单位领导，一定要注意，应当先让财务主管对费用报销的合法性、合理性把关，然后再让单位领导签字，不然让领导签了不该签的字，多尴尬呀！

（七）进账单的填制

进账单是存款人向开户银行存入从外单位取得的转账支票等需要委托银行收款时填制的单证。

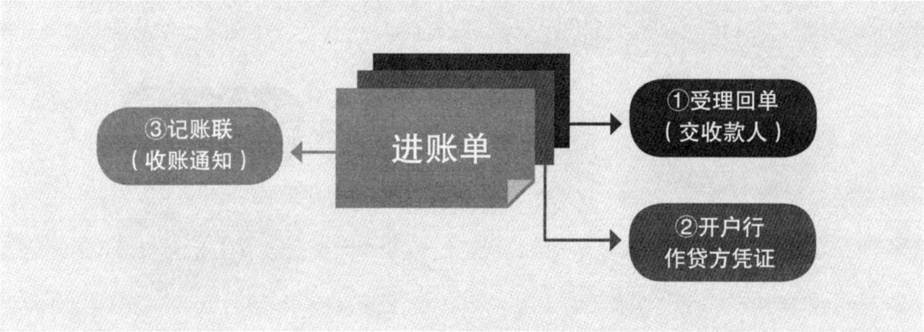

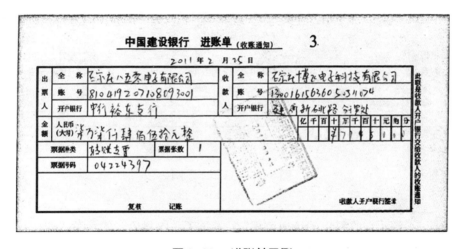

图 3-19 进账单传递流程

中国建设银行 进账单（收账通知） 3.

2011 年 2 月 25 日

出票人	全称	石家庄八五零电子有限公司	收款人	全称	石家庄博飞电子科技有限公司
	账号	810419207108093001		账号	13001615636050531074
	开户银行	中行裕东支行		开户银行	建行新石北路分理处
金额	人民币（大写）	柒万柒仟肆佰伍拾元整		亿千百十万千百十元角分	¥7745000
票据种类	转账支票	票据张数	1		
票据号码	04224397				
复核 记账				收款人开户银行签章	

此联是收款人开户银行交给收款人的收账通知

图 3-20 进账单示例

你只需要根据如图 3-20 所示正确填写必要信息后，交开户银行受理盖章后就可以了。

（八）收料单的填制

在学习“收料单”的填制之前，我们有必要先来了解一下收料单的传递流程，这可以帮助你对单位的收料有一个立体式概念（如图 3-21 所示）。

49

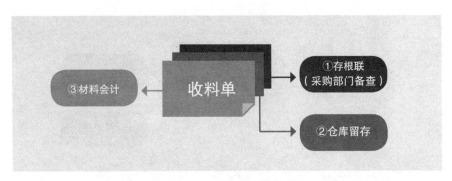

图 3-21   收料单传递流程

注：有些单位会一式四联，第四联交统计部门。

收 料 单

供货单位：百岸公司   凭证编号：911

发票号码：×××××   **2014年12月5日**   收料仓库：一库

材料编号	材料名称	规格	单位	数量		单价	金额	运杂费	合计
				应收	实收				
301	A材料		t	5	5	2 000	10 000	500	10 500

主管：施一   质检员：刘刚   仓库保管：刘勇   经办人：赵军

图 3-22   收料单示例

了解了"收料单的传递流程"，看过了"收料单"的参考式样，下面我们一起结合流程来学习一下"收料单"的填制方法：

第一步：采购部门根据购货单位的发票和提货通知等填写"收料单"；

第二步：质检部门检验合格后，通知仓库验收入库；

第三步：将③、④联传递给财务和统计部门；

第四步：财务部门办理货款结算及相关核算。

（九）领料单的填制

"领料单"的填制和"收料单"的填制相似。同样，我们需要先来看一下领料单的传递流程（如图 3-23 所示），并认识一下"领料单"（如图 3-36 所示）。

图 3-23   领料单传递流程

注：有些单位会一式四联，第四联交统计部门。

"领料单"的填制（如图 3-36 所示），我们同样可以结合流程概括为几个工作步骤：

第一步：需要领料的部门根据需要按规定填写领料单，写明"请领"数量；

第二步：主管核批；

第三步：仓库发料，并填写"实发"数量；

第四步：传递给财务部门进行价值核算。

学会了常用的原始凭证填制方法，从"图 2-1 会计核算业务流程图"中，我们知道，只有经过审核无误的原始凭证和汇总原始凭证才能据以填制记账凭证，登记账簿，所以，我们还要学会"审核原始凭证"。

任务二 审核原始凭证

一、原始凭证的审核要点

（一）内容的完整性、正确性审核

要特别关注以下几点：

1. 单据的接受单位是否为本单位。

2. 经济业务内容是否填写齐全，日期填写是否正确，发票内品名、数量、单价、金额是否填错或计算错误。

3. 外来原始凭证是否盖有公章（财务专用章或发票专用章），发票还必须有套印的税务监制章，收据一般应有套印的财政等有权监制部门的监制章；从个人处取得的原始凭证应当有填制人员的签章，严格要求，还应当写明地址和身份证号码。

4. 公章是否与填制单位名称相符，有关部门和人员的签章是否齐全。

5. 自制原始凭证（如入库单、领料单）必须经部门负责人（或指定人员）签章，以及经手人员签章。

6. 大写金额和小写金额是否相符。

7. 购买的实物资产，是否有验收证明；支付的款项是否有收款单位或收款人的收款证明。

8. 一式几联的原始凭证各联次是否注明了用途，只有一联可以作为报销凭证；是否连续编号；是否正确处理了作废凭证。

9. 手续是否完整。如发生销货退回时，除应填制退货发票外，退款时，还应当取得对方的收款收据或汇款银行的结算凭证，而不能以退货票代替收据。

10. 经上级有关部门批准的经济业务，是否有批准文件，原件需要单独归档的最好附复印件。

（二）凭证的合法性、合理性审核

主要是审核凭证中反映的经济业务是否符合国家和有关部门的法规、政策、制度以及本单位的计划、预算等。

（三）对于不符合要求的票据的处理方法

1. 如果是凭证内容记载不完整、不准确或无法辨认，可以退回，要求按规定补充更正。

2. 如果发现凭证内容不真实、不合法（如营私舞弊、伪造凭证、弄虚作假、虚报冒领等），应当拒绝办理，必要的话，还应当扣下凭证，报请有关人员和部门予以处理。

从人际关系上说，建议你不要过于生硬地处理后一种情况。

（四）原始凭证管理中其他应注意事项

1. 借款单必须附在记账凭证的后面，只能将副本退回借款人，不得将原件退回借款人。

2. 原始凭证不得外借。

3. 外来原始凭证如有遗失，应取得原填制单位盖章证明，并注明原始凭证的编号、内容、金额等信息，经单位领导批准后，才能作为原始凭证。确实无法取得证明的，如火车票等，可以由当事人写明情况，并提供其他佐证凭证，由单位领导批准后，代作原始凭证。

注意，这只是理论上行得通的方法，实际工作中，税务部门往往不会认可，所以，在实务中，建议你使用其他等额的合法票据，经领导批准后，以其他方式将费用报销就行了。

53

二、常见凭证的真伪识别

现在，我们一起来看几张真实的票据，看看有什么问题吧！

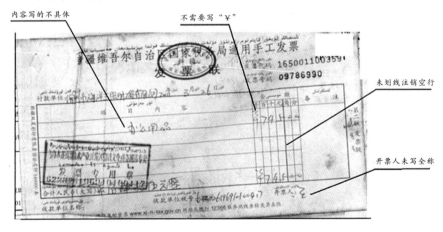

图 3-24 不合格手开发票示例 1

未写具体名称

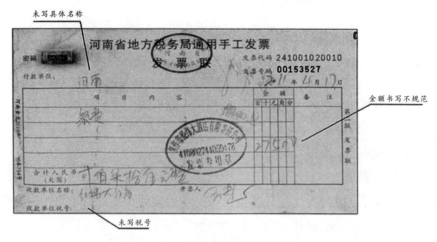

金额书写不规范

未写税号

图 3-25　不合格手开发票示例 2

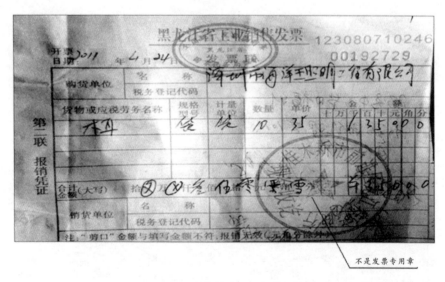

不是发票专用章

图 3-26　不合格手开发票示例 3

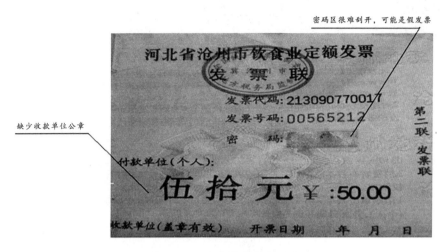

图 3-27 不合格定额发票示例 1

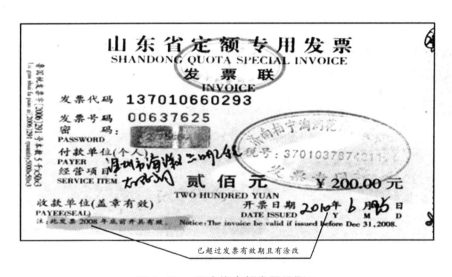

图 3-28 不合格定额发票示例 2

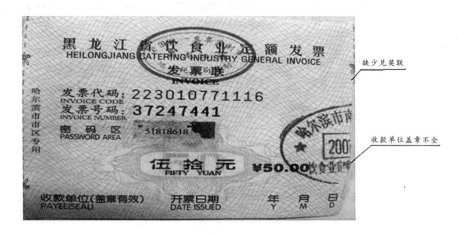

图 3-29　不合格定额发票示例 3

注：如果收款单位盖章模糊不清也属于不合格发票。

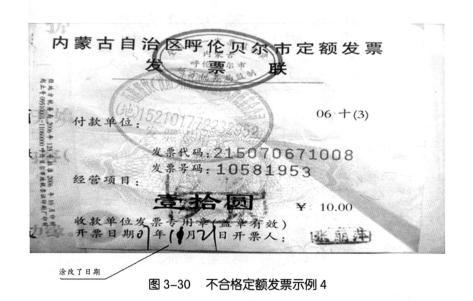

图 3-30　不合格定额发票示例 4

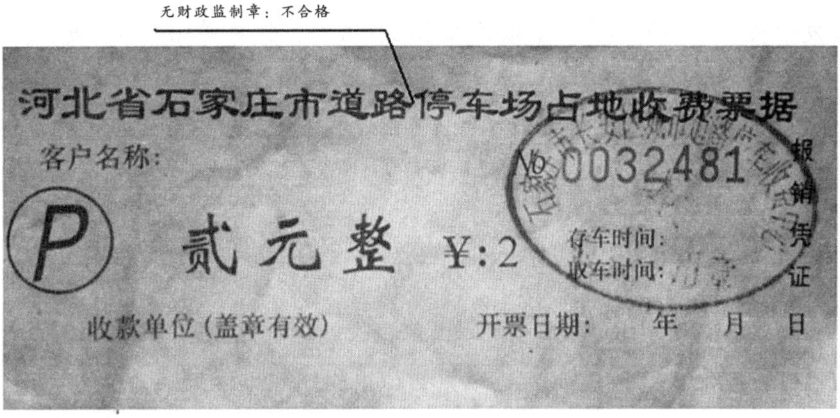

无财政监制章：不合格

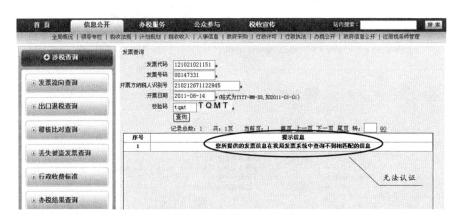

图 3-31　不合格收据示例

图 3-32　不合格机打发票示例

看完这几张不合格发票收据，你是不是觉得收获颇丰，要知道，这些发票及收据都是不能用来报销入账的！否则，将受到税务部门处罚。

所以，开票要认真，审票更需要你有火眼金睛。

我们再来看几张除了前面我们已经见过的合格的增值税专用发票（图 3-14-2）和增值税普通发票（图 3-14-3）以外的几种常见的合格的发票或收据。

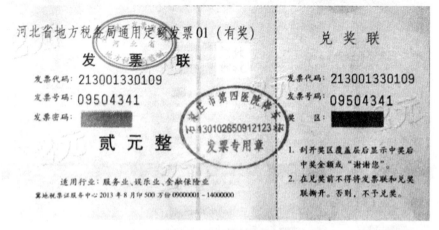

图 3-33-1　合格定额发票正面

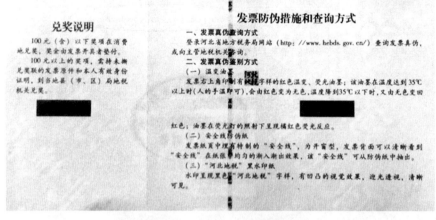

图 3-33-2　合格定额发票背面

提醒你注意阅读一下这张定额发票背面的内容,上面有详细的发票真伪的辨别与查询方式,你不妨试一试。

图 3-34 和图 3-35 也是合格的发票(收据),其鉴别方式我已经在图中标明了。

图 3-34　特定单位的专用发票

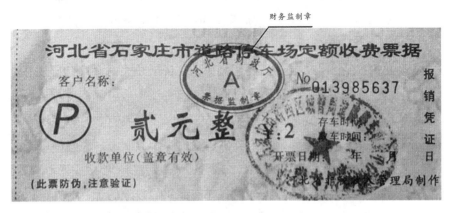

图 3-35　财政部门监制的收据

一、什么时候需要编制汇总原始凭证

原始凭证汇总表（汇总原始凭证）是为了方便编制记账凭证，方便经济业务的核算，而将一定时期内经济业务相同而且数量较多的原始凭证分类汇总编制而成的凭证。

就像我们在认识会计核算业务流程时看到的，各个部门都要编制细化到每一个职工的"工资结算单"（表2-1），试想，如果单位有很多业务部门，有数百甚至更多的职工，直接根据这些"工资结算单"进行进一步的会计核算，是不是太不清晰，很难直观地了解单位的工资费用的整体情况？所以，这时候，我们就可以将这些相同的经济业务加以汇总、简化，形成能够更加直观地反映单位该项经济业务全貌的"原始凭证汇总表"，就如我们在前面所看到的"工资结算汇总表"（表2-2）。

除了"工资结算汇总表"以外，在会计核算中我们还会接触到其他一些原始凭证汇总表，比如根据"收料单/物资验收入库单"编制的"收料汇总表"，根据"领料单"（如图3-36所示）编制的"原材料发出汇总表"（表3-2）等。

绝大多数经济业务是不需要编制原始凭证汇总表的，只有当某一类经济业务数量较多时，为了简化会计核算或更清晰地了解某类业务的整体情况才需要编制。把握的关键点就是看看是不是具有"内容相同、数量较多"的特点，因为如果业务较少，增加一个编制汇总表的环节反而会加大会计人员的工作量。所以什么情况下需要编制"原始凭证汇总表"要根据单位情况具体业务具体分析。如前面我们提到的工资结算单，如果单位部门很少，员工很少，就没有必要再编制工资结算汇总表了。

二、怎样编制汇总原始凭证

前面我们已经看到了"工资结算单"和"工资结算汇总表"之间的数据勾稽关系，也就是表 2-1 最后一行数字和表 2-2 第一行数字的内容，你可以再返回去验证一下二者的关系。下面我们再通过几张模拟的"领料单"（如图 3-36 所示）来编制一张"发料汇总表"（表 3-2），更真实地感受一下原始凭证和汇总原始凭证之间的关系，从而掌握如何根据原始凭证编制汇总原始凭证。

领料单

编号：901

领料部门：一车间				2014 年 12 月 1 日				仓库：一库
材料编号	材料名称	规格	单位	数量		单价	金额	用途
				请领	实发			
301	A 材料		t	7	7	2,000.00	14,000.00	生产甲 1 产品

领料主管：丁梅　　领料人：张丹　　发料主管：金秋　　发料人：刘勇　　记账：

图 3-36-1（★）

61

领料单

编号：902

领料部门：一车间				2014 年 12 月 24 日				仓库：二库
材料编号	材料名称	规格	单位	数量		单价	金额	用途
				请领	实发			
302	B 材料		件	60	60	20.00	1,200.00	生产甲 1 产品

领料主管：丁梅　　领料人：张丹　　发料主管：金秋　　发料人：王蒙　　记账：

图 3-36-2（▲）

领料单

编号：903

领料部门：二车间				2014 年 12 月 24 日				仓库：一库
材料编号	材料名称	规格	单位	数量		单价	金额	用途
				请领	实发			
304	D 材料		件	5	5	200.00	1,000.00	生产乙 1 产品

领料主管：丁梅　　领料人：李平　　发料主管：金秋　　发料人：刘勇　　记账：

图 3-36-3（★）

领料单

编号：904

领料部门：厂部　　　　　　　2014 年 12 月 27 日　　　　　　　仓库：二库

材料编号	材料名称	规格	单位	数量		单价	金额	用途
				请领	实发			
303	C 材料		个	180	180	4.00	720.00	设备维护

领料主管：丁梅　　领料人：张琳　　发料主管：金秋　　发料人：王蒙　　记账：

图 3-36-4（△）

领料单

编号：905

领料部门：二车间　　　　　　2014 年 12 月 1 日　　　　　　　仓库：一库

材料编号	材料名称	规格	单位	数量		单价	金额	用途
				请领	实发			
301	A 材料		t	5	5	2,000.00	10,000.00	生产乙 1 产品

领料主管：丁梅　　领料人：李平　　发料主管：金秋　　发料人：刘勇　　记账：

图 3-36-5（☆）

领料单

编号：906

领料部门：一车间　　　　　　2014 年 12 月 5 日　　　　　　　仓库：二库

材料编号	材料名称	规格	单位	数量		单价	金额	用途
				请领	实发			
302	B 材料		件	500	500	20.00	10,000.00	生产甲 2 产品

领料主管：丁梅　　领料人：张丹　　发料主管：金秋　　发料人：王蒙　　记账：

图 3-36-6（★）

领料单

编号：907

领料部门：二车间　　　　　　2014 年 12 月 5 日　　　　　　　仓库：二库

材料编号	材料名称	规格	单位	数量		单价	金额	用途
				请领	实发			
303	C 材料		个	2,200	2,200	4	8,800	一般消耗

领料主管：丁梅　　领料人：李平　　发料主管：金秋　　发料人：王蒙　　记账：

图 3-36-7（▲）

领料单

编号：908

领料部门：一车间　　　　2014 年 12 月 11 日　　　　仓库：二库

材料编号	材料名称	规格	单位	数量		单价	金额	用途
				请领	实发			
303	C 材料		个	1 000	1 000	4	4,000.00	一般消耗

领料主管：丁梅　　领料人：张丹　　发料主管：金秋　　发料人：王蒙　　记账：

图 3-36-8（△）

领料单

编号：909

领料部门：一车间　　　　2014 年 12 月 12 日　　　　仓库：一库

材料编号	材料名称	规格	单位	数量		单价	金额	用途
				请领	实发			
304	D 材料		件	20	20	200.00	4,000.00	生产甲 1 产品

领料主管：丁梅　　领料人：张丹　　发料主管：金秋　　发料人：刘勇　　记账：

图 3-36-9（▲）

63

领料单

编号：910

领料部门：二车间　　　　2014 年 12 月 13 日　　　　仓库：一库

材料编号	材料名称	规格	单位	数量		单价	金额	用途
				请领	实发			
304	D 材料		件	45	45	200.00	9,000.00	生产乙 2 产品

领料主管：丁梅　　领料人：李平　　发料主管：金秋　　发料人：刘勇　　记账：

图 3-36-10（★）

领料单

编号：911

领料部门：二车间　　　　2014 年 12 月 13 日　　　　仓库：二库

材料编号	材料名称	规格	单位	数量		单价	金额	用途
				请领	实发			
303	C 材料		个	200	200	4.00	800	一般消耗

领料主管：丁梅　　领料人：李平　　发料主管：金秋　　发料人：王蒙　　记账：

图 3-36-11（▲）

领料单								
领料部门：二车间				2014 年 12 月 22 日				仓库：一库 编号：912
材料 编号	材料 名称	规格	单位	数量		单价	金额	用途
				请领	实发			
301	A 材料		t	1	1	2,000.00	2,000.00	生产乙 1 产品
领料人：李平								发料人：刘勇

图 3-36-12（◆）

为了便于大家更快捷、更清楚地掌握"发出材料汇总表"的编制，我把不同领料部门、不同用途的"领料单"分别用不同的标识进行了区分（当然在实际工作中，领料单都是一样的），你需要特别关注的就是"领料部门"、"用途"和"材料名称"几项内容。

在这个例子中，你会发现所有带"★"标识的"领料单"都是一车间领用，并且是用来生产甲产品的；所有带"▲"标识的"领料单"都是二车间领用，并用来生产乙产品的；所有带"☆"标识的是一车间的一般消耗（也就是车间的共同消耗）；所有带"△"标识的是二车间的一般消耗；带"◆"标识的是厂部耗用。其实，这就是我们在实际工作中的分类，不是用标识，而是直接分门别类，就像小时候按班级排队一样，把不同部门、不同用途的领料单分别码放在一起。

"队伍"分类排好后，剩下的工作就非常简单了——分别计算一下不同部门、不同用途、所耗用的不同材料的合计数，然后就形成了我们所看到的"表 3-2　发出材料汇总表"。

是不是很简单？实际工作中原理就是这样，只不过就是"领料单"的数量会多出很多倍，你只要细心，别把"队员"放错就可以了。

在实行了电算化的单位，这些工作往往是计算机系统自动处理完成了，但是你一定要记住，计算机程序是人设计的，所以其后台的工作原理，你必须知道，才能发现其系统处理是否恰当。

我的一位在某公司当财务主管的朋友，他们公司在进行电算化改造的过程中，就是因为软件开发公司不熟悉他们公司的成本核算流程，导致最后成本计算出现了很严重的数据错误，后来他们仅仅为了调整程序就足足加了两个月的班。所以，会计人员需要与软件开发公司进行沟通，要指导软件开发公司为你量身打造适合你们公司情况的核算软件，你就必须首先做到自己能清楚地勾画出公司的具体核算流程以及工作细节。

表 3-2　　　　　　　　　　　　　发出材料汇总表

2014 年 12 月 31 日

受益部门		A材料（2000元/t）		B材料（20元/件）		C材料（4元/个）		D材料（200元/件）		合计
		数量	金额	数量	金额	数量	金额	数量	金额	
一车间	甲1产品	7	14 000	60	1 200			20	4 000	19 200
	甲2产品			500	10 000					10 000
	一般消耗					1 000	4 000			4 000
二车间	乙1产品	6	12 000					5	1 000	13 000
	乙2产品							45	9 000	9 000
	一般消耗					2 400	9 600			9 600
管理部门						180	720			720
合计		13	26 000	560	11 200	3 580	14 320	70	14 000	65 520

需要提示你的是，假如单位的材料发出业务不多，就不需要编制汇总表了。要掌握这样的原则，就是只有在能够简化我们的核算工作量时，才有必要编制原始凭证汇总表。

三、原始凭证汇总表应间隔多长时间编制

就像我们刚才所说，是否需要编制原始凭证汇总表要根据单位的同类经济业务的发生量来确定，那么多长时间编制一次原始凭证汇总表，当然也要根据单位的经济业务量来确定，5天、10天、半个月，但最长不能超过1个月，因为我们每个月都需要编制报表。

四、编制了原始凭证汇总表，原始凭证怎样处理

既然原始凭证汇总表是编制记账凭证的依据，那么编制原始凭证汇总表所依据的原始凭证还有用吗？当然有用。<u>一定要记住，原始凭证是最重要的用来记录经济业务发生情况的凭证，是最不可以丢弃的。</u>

如果编制原始凭证汇总表所依据的原始凭证不多的话，可以直接附在原始凭证汇总表后面，如果数量较多，则可以装订成册、单独保管，并在记账凭证的"附件"位置注明"附件另订"。

按照"图2-1 会计核算业务流程图"，你一定会问，现在我们学会了填制和审核"原始凭证"以及"原始凭证汇总表"，下一步是不是就应当学习填制"记账凭证"了？

可我的回答是：还不行。

因为如果说原始凭证是我们进行会计核算最重要的原始法律依据，那么记账凭证的填制则是关系我们会计核算正确与否的最关键一环。特别是在普遍实行了会计电算化的今天，会计人员的主要工作就是根据审核无误的原始凭证或汇总原始凭证填制（录入）记账凭证。记账和编制

报表，你只需要点击一下"记账"和"生成报表"按钮，计算机就会自动完成了。所以，分析经济业务、填制记账凭证将是我们会计人员重点需要掌握的内容。

　　OK。现在，我们一起静下心来，回忆一下我们前面学过的内容，你是不是觉得没有太多的会计专业知识？没错，凡事应当遵循一个由易到难、由简单到复杂的过程，所以我才从最贴近实际工作、最易于掌握的原始凭证的填制入手，逐步引导你进入会计知识的大门，记账凭证的填制才真正进入我们会计核算的专业领域。

　　任何专业的学习都需要必要的专业术语和基本原理做铺垫，会计当然也不例外。下面我们就一起用我们最通俗的方式来理解掌握一些填制记账凭证的会计术语和基本原理——

第1步

第2步

第3步

第4步

第5步

第6步

第7步

第8步

第9步

第10步

4

熟悉会计科目，
掌握借贷记账法

真账　实操：
企业会计轻松做

就像我们要进行数学运算，需要有数字和运数符号一样，我们会计人员如果要填制记账凭证、登记账簿，也必须首先要熟悉记账所需要的要件，这就是"会计科目"和"借贷记账法"。前者就像我们数学公式中的数字，后者则是我们的运算符号以及运算规则。

任务一　熟悉会计科目

在进入会计的核心工作之前，我们需要先从大类上了解一下"会计要素"以及最基本的"会计等式"，这就像我们在学习复杂的数学运算之前，要先学会"加、减、乘、除四则运算"一样。只有在明白了会计核算的基本平衡原理的基础上，我们才能进一步学习"会计科目"和"借贷记账法"。

一、会计要素及会计等式

（一）会计要素及其包括的内容

在前面我们学习"会计"的概念的时候曾经说过，会计的工作对象其实就是单位的经济业务活动，而单位的经济业务可谓纷繁复杂，那么要对单位的经济业务活动进行核算，就必须像我们刚才学习编制原始凭证汇总表一样，事先把经济业务进行分类，**会计要素就是对会计对象进行的基本分类。**

企业要运营，当然必不可少的就是"钱"。"钱"既可能是货币状态，也可能是实物（如房屋、设备等）或无形资产状态（如专利权等），用会计专业术语讲就是"资金"，企业能够拥有、使用、控制的资金就是我们所说的"资产"。那么这些资产是怎么来的呢？无外乎两个渠道：一是老板（股东）的投资，这就是我们所说的"所有者权益"；二是从别人那儿借来的（如从银行取得的借款，从其他单位赊来的货物等），这就是我们所说的"负债"。

由此我们便可以推导出我们会计核算的第一个基本平衡公式：

$$资产 = 负债 + 所有者权益$$

一定要记住这个公式，我们最后要编制的"资产负债表"就是以这个公式为依据的。

钱（资产），我们已经有了，那么企业经营的目的是什么？赚钱，也就是我们要获取"利润"。

利润是什么，就是企业赚的钱。就如你花了 40 元（费用）买了一件商品，转手卖了 60 元（收入），如果不考虑其他支出，你赚的 20 元钱就是"利润"。

由此我们便可以推导出会计核算的第二个平衡公式：

$$收入 - 费用 = 利润$$

这同样是一个极为重要的公式，"利润表"就是以它为依据编制的。

很简单，这两个平衡公式就涵盖了我们会计核算的"六大会计要素"——"资产"、"负债"、"所有者权益"；"收入"、"费用"、"利润"（如图 4-1 所示）。

图 4-1　会计要素的构成

我们了解了会计的六大基本要素，其实就相当于了解了会计工作的基本框架，这是一棵大树的主干，而在这六大要素的基础上再作进一步

71

的细分，就是树的枝丫了。

（二）资产及其分类

怎样界定企业的资产呢？我们可以从以下几个方面把握（注意：必须同时具备这几个条件）：

1. 资产必须是企业在过去发生的会计事项中获得的。

比如我们已经从银行借来了 50 000 元资金，那么这 50 000 元资金就可以作为企业的资产了，同时企业也负担了 50 000 元的债务；而如果我们只是准备向银行借 50 000 元资金，借钱这一事项还没有实际发生，那么，这 50 000 元资金还被银行控制着，所以我们既没有 50 000 元的资金可供使用，当然也没有对银行的 50 000 元负债。

2. 资产是为企业所拥有的，或者即使不为企业所拥有，但也是企业所能支配使用的。

如企业建造的厂房，购买的设备、物资等，企业直接拥有其所有权和支配权，当然是企业的资产；而土地属国家所有，这是我们都知道的道理，企业只能拥有其使用权，当企业购买了某块土地的使用权，这块土地的"土地使用权"同样在进行会计核算时应当作为企业的资产。

3. 资产是预期能够给企业带来经济利益的。

如果你家中有一袋面粉，显然这袋面粉应当是你家中的"资产"；可如果这是一袋已经霉烂变质的面粉，那它还是不是你家的资产呢？当然不是，那是垃圾。

企业在确定某一物质是否可以构成企业资产时，当然也要考虑这一问题。如果它还能够通过出售、加工等给企业带来经济利益，它就是资产；如果不能，就如一些霉烂变质的食品一样，不但不会给企业带来经济利益，甚至很可能还会增加一些处置费用，当然就不能将其确认为资产了。

记住：一项资源只有能够同时满足上述三个条件时才能够确认为资产。即：**资产是指企业在过去的交易或事项中形成的、由企业拥有或控制的、预期会给企业带来经济利益的资源。**

资产按流动性和管理的需要，可以分为：流动资产和非流动资产。

流动资产是指预计在 1 年内（含）或超过 1 年（不含）的一个正常营业周期内变现、出售或耗用的资产。

非流动资产则是指除流动资产以外的资产。

通过图 4-2 "资产构成图"可以很清楚地了解小企业"流动资产"和"非流动资产"的构成内容。

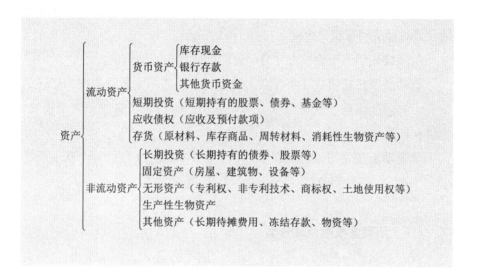

图 4-2　资产构成图

（三）负债及其分类

负债的界定同样可以从以下几个方面把握（注意也是要求同时具备）：

1. 负债是企业在过去的交易、事项形成的现实存在的偿债义务。

就如我们分析资产时举的从银行借款的例子一样，如果钱已经借了，偿还 50 000 元借款的义务已经现实存在，这 50 000 元的负债自然就成立了；同样，假如企业只是有借款的意向，还没有实际从银行借款，那么这 50 000 元的负债自然就无从谈起。

2. 义务包括法定义务和推定义务。

如我们应当偿还的借款、货款，应交付的资产，应提供的劳务等，这些都属于法定义务；而比如因为企业销售商品而可能负担的"三包费"（预计负债）则属于推定义务。

3.履行偿债义务会导致经济利益流出企业。

企业无论是履行法定义务还是推定义务，当然都会引起企业人力、物力、财力的消耗，也就会导致经济利益流出企业。

记住：**负债是指过去的交易或事项形成的现实义务，履行该义务预期会导致经济利益流出企业。**

负债按其偿还期的长短分为：流动负债和非流动负债。

流动负债是指将在1年（含）或超过1年的一个营业周期内偿还的债务。如短期借款、应付账款、预收款项、应付职工薪酬、应交税费、应付利息等

非流动负债是指偿还期在1年（不含）或超过1年的一个营业周期以上债务。如长期借款。

（三）所有者权益及其分类

按照"资产＝负债＋所有者权益"的平衡公式，不难推出："所有者权益＝资产－负债"。

所以**所有者权益是指企业资产扣除负债后由所有者享有的剩余权益。**

"负债"和"所有者权益"统称为权益，即债权人和所有人（老板/股东）对企业的资产都有要求权，债权人拥有的是债权，也就是要求企业偿还债务的权利，而所有者拥有的是偿还负债以后的剩余的净资产的权益。

记住，债权人对资产的要求权是优先于投资人的，也就是企业必须优先偿还债权人的债务，只有在偿还完所有的债务以后，还有剩余的财产的情况下，才能向股东分配剩余的财产。所以，如果公司破产了，作为股东的你，手中的股票很可能就被清零了。

对于权益的构成内容你可以通过图4-3直观地了解一下。

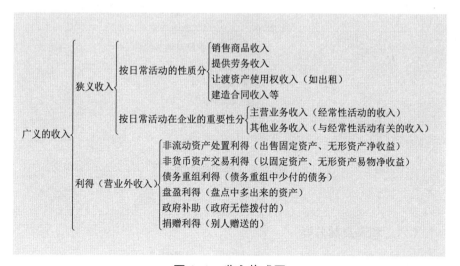

图 4-3　权益构成图

（四）收入及其分类

收入这个概念大家应当觉得很熟悉，不过在会计准则中我们日常所说的收入被分成了两个部分，经常发生的叫"收入"，如"主营业务收入"、"其他业务收入"，偶尔发生的叫"利得"，如"营业外收入"。

你可以通过图 4-4 对"收入"这一概念加以直观了解。

图 4-4　收入构成图

（五）费用及其分类

知道了收入在会计中的含义，以及它所包括的内容，下面我们再来一起分析一下会计中所说的"费用"。

和收入一样，费用也有广义和狭义之分。广义的费用泛指企业各种日常活动发生的所有耗费；而狭义的费用仅指与本期营业收入相配比的那部分耗费。

在会计核算中，通常使用的是狭义的费用概念，也就是所有耗费中那部分能够与本期营业收入相配比的费用。记住，只要该耗费与本期的营业收入相关，无论是否已经实际支付（如赊购商品应付的款项），就应当确认为本期的费用；反之，如果该耗费与本期的营业收入无关，即使支付了，也不能作为本期的费用（如预付的下年度保险费）。这就涉及了我们后面要专门介绍的"会计基础"之"权责发生制"。

知道了我们会计核算中所使用的费用概念是以是否与当期收入有关为衡量标准的，那么费用到底由哪些项目构成的呢？同样，我们可以通过图 4-5 来直观地认识一下。

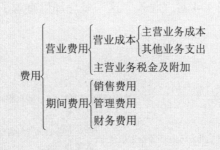

图 4-5　费用构成图

（六）利润及其分类

利润当然就是企业在一定会计期间的经营成果了。

按照"收入－费用＝利润"的会计平衡公式，如果企业的收入大于费用也就产生了利润。当然，我们期望是正值，否则就变成亏损了。

我们通过图 4-6 来了解一下利润的分类与构成：

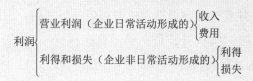

图 4-6　利润构成图

二、小企业会计科目

知道了会计要素，我们对企业的资产和利润的形成有了一个大体的认识，但我们的会计核算当然不是简单地用"资产"、"负债"、"所有者权益"、"收入"、"费用"、"利润"这六大要素就能完成得了的，要进行会计核算，我们就必须在这六大会计要素的基础上再做进一步的细分，而"会计科目"就是一片片充满生机的树叶，承载着整棵大树的生机。

77

（一）会计科目

会计科目就是对六项会计要素按经济内容和管理要求进一步分类后形成的项目。目的是为了更详细地、分门别类地核算经济业务的发生以及相应的资金变化情况。就像我们知道自己家中一共有多少资产还不行，还应当知道其中有多少是现金、有多少是银行存款、有多少是股票、有多少是房产、有多少是汽车等一样。

（二）会计科目的分类及其意义

1.小企业会计科目按反映的经济内容分为"资产类"、"负债类"、"所有者权益类"、"成本类"、"损益类"五大类（见表 4-1）。

2.会计科目按照其隶属关系分为"总账科目"、"子目"、"细目"。三者其实就是层层细化的关系。

　　"总账科目"是第一级科目，其名称、编号、核算内容一般由会计准则统一规定。注意你应当根据单位的需要选择使用，可以适当增减。

　　"子目"是第二级科目，是介于"总账科目"和"细目"之间的分类。注意只有在"总账科目"下面统御的细目较多时，才需要再按类别设置"子目"，就像我们为了便于管理而划分"小组"一样。

　　"细目"又称"明细科目"，自然是对会计要素所作的最细分类了。大部分总账科目下面会设有明细科目。

　　比如"原材料"用来核算企业的"原料及主要材料"、"辅助材料"、"外购件"等的成本，"原料及主要材料"可能包括"生铁"、"铝锭"等多种材料。那么"原材料"就是总分类科目，"原料及主要材料"、"辅助材料"、"外购件"等就是它的子目，而"生铁"、"铝锭"等具体物品名称就是"明细科目"了（如图6-5所示）。

　　一定要注意，总账科目、子目在实际使用中并非必须严格按照《小企业会计准则》提供的科目设置，企业可以灵活掌握。

（三）会计科目表

　　按照《小企业会计准则》，总账科目有58个，如果小企业的业务内容超出了这个范围，则可以参照《企业会计准则》执行（其共有156个会计科目，涵盖了各个行业，不过，常用的也就是50多个）。一般情况下，仅仅是这58个会计科目，在大部分企业也只是用到其中的一部分。至于如何使用，你暂时不用管它，现在你只需要在印象里有它们的名字就可以了，等我们学习了"记账方法——借贷记账法"之后，需要进一步学习如何分析经济业务，编制"会计分录"的时候，你再结合"附录：小企业会计科目核算内容及'T'型账户图示"的说明，就知道该怎样使用这些会计科目了。

表 4-1 小企业会计科目的分类

顺序号	编码	会计科目名称	在《企业会计准则》中的对应名称
一、资产类			
1	1001	库存现金	库存现金
2	1002	银行存款	银行存款
3	1101	短期投资	交易性金融资产
4	1201	应收票据	应收票据
5	1202	应收账款	应收账款
6	1203	预付账款	预付账款
7	1211	应收股利	应收股利
8	1221	应收利息	应收利息
9	1231	其他应收款	其他应收款
10	1301	在途物资	在途物资
11	1302	原材料	原材料
12	1303	库存商品	库存商品
13	1304	包装物	周转材料
14	1305	低值易耗品	周转材料
15	1311	消耗性生物资产	消耗性生物资产
16	1401	长期债券投资	持有至到期投资
17	1411	长期股权投资	长期股权投资／可供出售金融资产
18	1501	固定资产	固定资产／投资性房地产
19	1502	累计折旧	累计折旧
20	1503	在建工程	在建工程
21	1504	固定资产清理	固定资产清理
22	1511	生产性生物资产	生产性生物资产
23	1512	生产性生物资产累计折旧	生产性生物资产累计折旧
24	1601	无形资产	无形资产／累计摊销
25	1701	长期待摊费用	长期待摊费用

79

顺序号	编码	会计科目名称	在《企业会计准则》中的对应名称
26	1801	待处理财产损溢	待处理财产损溢
二、负债类			
27	2001	短期借款	短期借款
28	2101	应付账款	应付账款
29	2102	预收账款	预收账款
30	2201	应付职工薪酬	应付职工薪酬
31	2301	应交税费	应交税费
32	2401	应付利息	应付利息
33	2501	应付利润	应付利润
34	2601	其他应付款	其他应付款
35	2701	长期借款	长期借款
36	2801	递延收益	递延收益
三、所有者权益类			
37	3001	实收资本	实收资本／股本
38	3002	资本公积	资本公积
39	3101	盈余公积	盈余公积
40	3102	本年利润	本年利润
41	3103	利润分配	利润分配
四、成本类			
42	4001	生产成本（劳务成本）	生产成本（劳务成本）
43	4101	制造费用	制造费用
44	4401	工程施工	工程施工
45	4402	工程结算	工程结算
46	4403	机械作业	机械作业
五、损益类			
47	5001	主营业务收入	主营业务收入
48	5002	其他业务收入	其他业务收入

续表

顺序号	编码	会计科目名称	在《企业会计准则》中的对应名称
49	5101	投资收益	投资收益
50	5201	营业外收入	营业外收入
51	5301	主营业务成本	主营业务成本
52	5302	主营业务税金及附加	营业税金及附加
53	5303	其他业务支出	其他业务成本
54	5401	销售费用	销售费用
55	5402	财务费用	财务费用
56	5403	管理费用	管理费用
57	5501	营业外支出	营业外支出
58	5601	所得税费用	所得税费用

看完这些会计科目了吗？是不是觉得很多会计科目一眼就能知道它的含义？这就对了，因为在制定会计科目的时候，是必须遵循"清晰、明了"的原则的，不然你写的东西让人看不懂，那还有什么意义？

你是不是还发现《小企业会计准则》中规定的绝大部分的会计科目的名称和《企业会计准则》是一样的？那是因为《小企业会计准则》是以《企业会计准则》为参考，结合小企业的特点制定的，所以，如果你能够在小企业任职，去大中型企业工作是没有问题的。

至于具体每一个会计科目核算什么内容，增加或减少分别在账户的哪个方向登记，余额表示什么内容，刚才已经说过了，这些在"附录：小企业会计科目核算内容及'T'型账户图示"中写得很清楚，如果好奇，你可以瞅一眼，但你需要事先了解了账户的基本结构以及会计的记账方法——"借贷记账法"才能完全看懂，所以现在你还没有必要花费太多的时间去研究这些科目的使用。

任务二　掌握权责发生制和借贷记账法

一、会计核算的权责发生制

前面在学习"费用"的时候，我们提到了一个术语叫做"权责发生制"，这实际上是关于"会计基础"的问题，也就是明确了我们的会计是按照什么要求来进行核算的。

企业会计的确认、计量和报告是以我们前面提到过的"**权责发生制**"为基础的。它对会计核算提出的要求是这样的：凡是当期已经实现的收入和已经发生或应当负担的费用，无论款项是否收付，都应当作为当期的收入和费用，计入利润表；凡是不属于当期的收入和费用，即使款项已在当期收付，也不应当作为当期的收入和费用。

举例说明一下：

2014 年 12 月 25 日，公司销售了一批售价 50 000 元，成本 30 000 元的商品，12 月 28 日收回了货款，那么这 50 000 元的商品收入理所当然地就应当属于 2014 年 12 月份的收入，相应的 30 000 元的成本也应当在 2014 年 12 月份转出，2014 年 12 月份的利润就应当是 20 000 元（50 000-30 000）。

假如其他条件不变，只是 50 000 元的商品款直到 2015 年 1 月 4 日才收回，那应当怎样确定收入呢？

按照"权责发生制"的要求，因为该笔销售业务是发生在 2014 年 12 月份，所以相应的收入和成本的结转也应当确认在 2014 年 12 月份，"无论款项是否收付"。

同样道理，如果购货单位早在 2014 年 11 月就已经支付了这 50 000

元货款来订购我们公司的商品，但公司直到2014年12月25日才给对方发出商品呢？因为这笔购销合同的最终履行是在2014年12月份，所以，收入和成本的结转也应当在12月份确定，11月份的款项只能作为预收的货款处理。

记住："权责发生制"只与经济业务的实际发生有关，而与款项是否收付无关。

现在，给你3个思考题，如果你答对了，就说明你真正理解了"权责发生制"。

1. 2013年12月底，你看好一处门店（月租金为5 000元），决定租下来用于来年的经营，房主要求你必须预付2014年一年的房租60 000元。那么这60 000元的房租费用，应当归属于2013年12月份，还是2014年每个月份负担5 000元？

2. 反过来，房主应当把2013年12月份收取的60 000元确认为2013年12月份的收入，还是2014年每月收入5 000元？

3. 如果你5月份购入了一批货物，支付了60 000元的货款，5月份当月卖出了一半的货物，收入50 000元，6月份又卖出了另外一半的货物，收入是52 000元。请问：这宗购销交易你一共挣了多少钱？其中5月份和6月份分别挣了多少？

答案：

1. 作为承租者的你预付的60 000元房租应当由2014年的每一个月份负担5 000元，不能计入2013年的费用，也就是在2013年12月份付款的时候，60 000元应当作为"预付账款"（资产）来处理，当2014年计算每月应当分摊的费用时，每月分摊的5 000元才能确认为当月的费用。

2. 作为出租者的房主收到的60 000元房租也应当按2014年每月收入5 000元处理。

因为很简单，2014年的租赁合同在2013年还没有实际履行，只是达成了意向，房主2013年12月份收到的60 000元，应当属于"预收账款"，其出租行为实际是在2014年发生的。

3. 这宗购销交易你一共挣了 42 000【50 000+52 000－60 000】元，其中 5 月份挣了 20 000【50 000－60 000/2】元，6 月份挣了 22 000【52 000－30 000】元，而不是 5 月份亏损了 10 000【50 000－60 000】元，6 月份挣了 52 000 元。这个道理应当太简单不过了。

如果你答对了这 3 道题目，你就明白了什么是"权责发生制"。

<u>一定要记住，企业会计核算的基础是"权责发生制"。</u>这直接关系着各项会计要素的确认、计量和报告的时间或时期的确认。

二、借贷记账法及账户基本结构

刚才我们认识了"会计科目"，也就是我们有了可以做饭的素材，要做出一桌美味佳肴，我们还必须掌握烹饪的技巧，对我们会计来说，也就是必须要学会"记账方法——借贷记账法"。

（一）借贷记账法

借贷记账法是以"借"、"贷"作为记账符号，以会计恒等式为理论依据，反映资金增减变动情况和结果的一种复式记账方法。

看晕了吧？我们分析一下：

你认识这两个字吗："十"、"一"？

"十"、"一"呀，这谁不认识？你一定会这样回答。

那如果是在"4+1-2=3"这样的等式中，"十"、"一"作为运算符号，还有没有"十"、"一"的含义？

当然没有了。你会回答。

很好，在会计核算中，"借"和"贷"仅仅是作为一种符号使用，已经失去了其原来的汉语含义。所以<u>一定要记住：忘记"借"和"贷"的汉语含义，它们在会计核算中仅仅是记账所使用的符号而已，各自代表着账户上两个对立的方位，左为"借"，右为"贷"，它们并不固定地</u>

表示谁代表增加，谁代表减少，只有和具体的账户结合起来，你才能知道它们两个谁表示增加，谁表示减少。

所以我们就必须再了解一下什么是账户。

（二）账户及其基本结构

简单地来说，账户就是以会计科目作为其名称，按照一定的格式和规则来记录经济业务的工具。其实说白了，就是有名称、有格式的会计账簿。

那么账户的基本结构是怎样的呢？

在借贷记账法下，账户的基本结构可以分为左右两方，左方称为"借方"，右方称为"贷方"，就像我们把马路分成了左右两边一样。我们可以用下面的简化格式来示意一下（如图4-7所示）。

图4-7 账户的基本结构

通过图示，我们知道了账户的左方我们称之为"借方"，右方称之为"贷方"，请记住这个规则，就像我们知道开车要靠右行驶一样。而且在会计工作中，我们会经常使用这种简易的"T"型账户来草算一些数据的，没有人会再专门写上"借"、"贷"，否则就"out"了。

我们再回忆一下在学习"借贷记账法"时，我要求大家记住的一段话：

"忘记'借'和'贷'的汉语含义，它们在会计核算中仅仅是记账所使用的符号而已，各自代表着账户上**两个对立**的方位，它们并不固定地表示谁代表增加，谁代表减少，只有和具体的账户结合起来，你才能知道它们两个谁表示增加，谁表示减少。"

现在我们就将它们和账户的类型结合起来，看看在不同类型的账户中，"借"和"贷"各自代表着什么。

我们可以通过图 4-8 ~ 图 4-13 来直观地加以认识。

图 4-8　资产类账户基本结构

图 4-9　负债类账户基本结构

图 4-10　所有者权益类账户基本结构

图 4-11 成本类账户基本结构

图 4-12 损益类——收入类账户基本结构

图 4-13 损益类——费用类账户基本结构

注意到了吗，所有标注了"★"的账户的"借方"都表示增加，"贷方"都表示减少，它们是"资产类账户"、"成本类账户"、"损益类中的费用类账户"；所有标注了"▲"的账户的增加数都反映在"贷方"，而减少数都反映在"借方"，它们是"负债类账户"、"所有者权益类账户"、"损益类中的收入类账户"。

一定要记住这个规则，这就是我们绝大多数账户的记账规则。

现在，你可以试着从"附录：小企业会计科目核算内容及'T'型账户图示"中找"银行存款"、"短期借款"、"本年利润"、"生产成本"、"主营业务收入"、"主营业务成本"这几个比较有代表性的，而且相信你比较熟悉的账户名称，看一看它们的使用说明及图示，验证一下它们的账户结构是不是如图 4-8 ～ 图 4-13 所示。

完成了刚才的工作后，请你用 5 分钟的时间把这几个 "T" 型账户的结构（我们通常这样称呼这种简式结构图）自己画下来吧，然后把它们记到心里。一定要记在心里。

三、体验总结记账规则，验证基本等式

记住刚才的那几个 "T" 型账户结构了吗？好的，现在你已经是一家公司的会计了，你的服务对象是这家公司，你的工作对象就是这家公司所发生的经济业务。提醒你一下，如果你对某一个账户的名称和核算内容不太熟悉和理解的时候，一定别忘了查看 **"附录"** 的说明与图示。记住了，附录内容就像你在会计航海生涯中的指南针，将在我们后面的讲解中反复使用，直到你把你所需要的内容记在了脑子里。

准备好你的角色了吗？我们来通过几个例子来检验一下你是不是真的掌握了账户的基本结构，并总结一下借贷记账法下的记账规则。

业务 1. 公司成立，老板（投资者 / 股东）投资了 500 000 元设立这家公司，假设都是现金出资，已经存到了企业的银行账户上。

这时候我们要用到的账户是 "银行存款" 和 "实收资本"（用来核算投资者的投资），前者属于 "资产类"，后者属于 "所有者权益类"。

企业的 "银行存款" 增加了 500 000 元，所以应当记在 "银行存款" 这个账户的借方；老板（企业所有者）对企业的要求权（"所有者权益"）也增加了 500 000 元，所以应当记在 "实收资本" 这个账户的贷方。

你分析对了吗？

业务 2. 企业开了一张现金支票，从银行提取了 2 000 元，供日常使用。

这时候我们需要使用的科目是 "库存现金" 和 "银行存款"，就和你从银行取了 2 000 元现金一样。这笔经济业务导致企业保险柜里的 "库存现金" 增加了 2 000 元，对应的 "银行存款" 减少了 2 000 元。查一下

科目表，它们都属于资产类账户，所以按照资产类账户的基本结构，我们应当在"库存现金"的"借方"登记2 000元，在"银行存款"的"贷方"登记2 000元。

业务3. 现在，因为购买设备、材料、支付工资等，企业的资金不够运转使用了，所以企业又从银行借了60 000元的1年期借款。

这笔经济业务使企业的"银行存款"增加了60 000元，应当记在"银行存款"账户的借方；使企业的"负债"中的"短期借款"也增加了60 000元，应当记在"短期借款"的贷方。

业务4. 经过一段时间的经营企业归还了银行的借款60 000元，并支付了3 000元的利息。

这就像我们偿还了房贷一样。我们存在银行的存款减少了，而我们欠的房贷也减少了。一个涉及的是资产，一个涉及的是负债。按照账户结构图，作为资产的"银行存款"减少，我们应当"贷记"63 000元的银行存款；而作为负债的"短期借款"的减少，我们应当"借记"60 000元的短期借款；还有3 000元的利息，在企业会计核算中我们需要把它计入"财务费用"，作为"费用"的增加，当然应当记入财务费用的"借方"。

现在我们用"T"型账户的示意图（图4-14）来将我们的分析标记出来，就像我们在记账一样（实际上，"T"型账户就是简易的账簿）。

89

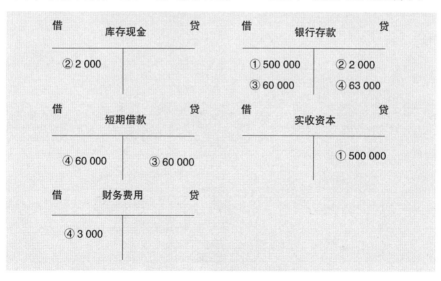

图4-14　记账规则示意图

你发现其中的规律了吗？——

每一笔经济业务记录在账户中时，都会涉及两个（第①、②、③笔业务）或两个以上（第④笔业务）账户，这是"复式记账法"的规则。

每一笔经济业务记录在账户中时，都会既涉及"借方"，又会涉及"贷方"，这就是"借贷记账法"下"有借必有贷"的记账规则。

每一笔经济业务记录在账户中时，其"借方"所记录的金额和"贷方"所记录的金额都是相等的，这就是"借贷记账法"下"借贷必相等"的记账规则。

这些就是"复式记账法"的含义以及"借贷记账法"的记账规则。

我们再概括一遍：

1.复式记账法要求我们在处理每一笔经济业务时，必须同时反映在两个或两个以上的账户中，以便互相牵制。作为复式记账法之一的"借贷记账法"必须遵循这一规则。

2."借贷记账法"的记账规则是**"有借必有贷，借贷必相等"**。

你记住这些规则了吗？这可是我们记账的基本要领。

第1步

第2步

第3步

第4步

第5步

第6步

第7步

第8步

第9步

第10步

5

学会分析经济业务、填制记账
凭证、编制科目汇总表

真账 实操：
企业会计轻松做

任务一　分析经济业务，编制会计分录

还记得我们在第二步的工作任务中学习的"会计核算流程"吗？在实际工作中，我们据以记账的依据一般应当是经审核无误的"记账凭证"，而要学习"记账凭证"的填制，我们就必须再学习另外一个会计术语——"会计分录"。

一、会计分录的编制要求

（一）会计分录

会计分录又称记账公式，简称分录，是指对每一会计事项确定其应借应贷的账户名称及其金额的一种记录。

会计分录包括三项要素：记账方向（借或贷）、账户名称和金额（如图 5-1 所示）。

会计分录的列示方式是：先借后贷，借贷相等；左借右贷，借贷错开（如图 5-1 所示）。

以我们前文分析的 4 笔经济业务为例，它们的会计分录应当分别编制如下：

（1）接受投资（摘要）

　　借：银行存款　　　500 000

　　　　贷：实收资本　　　　　500 000

（2）提取现金（摘要）

　　借：库存现金　　　2 000

　　　　贷：银行存款　　　　　2 000

（3）取得借款（摘要）

　　　　借：银行存款　　　　60 000

　　　　　　贷：短期借款　　　　　　60 000

（4）偿还借款及利息（摘要）

　　　　借：短期借款　　　　60 000

　　　　　　财务费用　　　　　3 000

　　　　　　贷：银行存款　　　　　　63 000

不难看出，每一个会计分录都包括了"记账方向"（借或贷）、"账户名称"、"金额"三项要素；在列示上都遵循了"先借后贷，借贷相等；左借右贷，借贷错开"的列示规则，我们可以以前文"业务4"为例，通过图示直观地加以认识（如图5-1所示）。

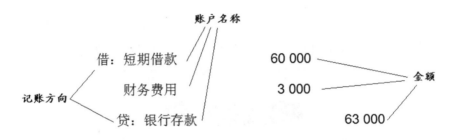

图 5-1　借贷记账法的基本要素及记账规则图示

提示一下，一定要养成"借贷错开"的良好书写习惯，而且要习惯地将借贷方的金额分别数位对齐，这样你就可以一目了然地看出你所编制的会计分录是否"借贷相等"了。因为我的学生们经常因为没有养成这种"借贷错开，数位对齐"的习惯而犯"借贷不平"的低级错误。

你可能会说，听说会计软件会自动提醒"借贷不平，无法通过"。

没错。但要知道，在很多资格考试中，是需要你手工演算或书写的。其实无论是手工记账还是计算机记账，你只要按照记账凭证的标准格式填写就行了，这个书写习惯主要是为了便于你日常的演算或者考试用的。

如果有了编制好的会计分录，我们是不是很容易就知道要登记哪个账簿，往哪方登记，登记多少了？

比如我们分析过的"业务4"，根据这个会计分录，我们就可以知道，在这笔业务中，需要在"短期借款"账的"借方"登记60 000元；需要在"财务费用"账的"借方"登记3 000元；需要在"银行存款"账的"贷方"登记63 000元。

所以要记账，就必须先学会分析企业发生的经济业务，并能够根据经济业务的内容编制出会计分录。下面我们就把小企业经常发生的经济业务的典型分录给大家分类概括一下，你一定要把这些典型的分录背熟哦！

二、企业的资金流动过程

要更好地分析企业的经济业务，我们需要先了解一下最有代表性的商业企业和工业业企业的资金运动过程，这会帮助我们更好地理清思路，找出一个掌握经济业务核算的主线（如图5-2、图5-3所示）。

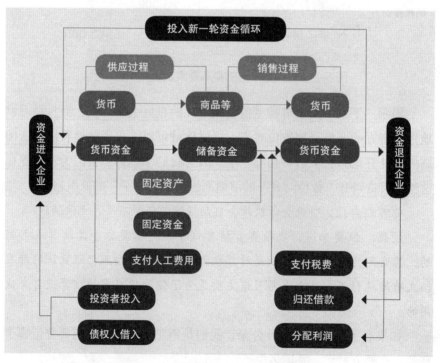

图5-2　商品流通企业的资金运动图

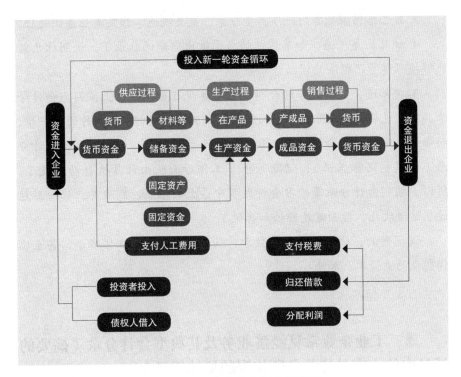

图 5-3 工业企业的资金运动图

从这两个资金循环图不难看出，工业企业的资金循环比起商业企业要更复杂一些，主要是比商业企业多了一个生产过程，所以其会计核算也就会更复杂一些。而物流、餐饮、仓储、农业等的资金流与这两个行业非常相似，我们就不一一分析了。因此我们首先以工业企业的资金流动过程为主线，介绍各类经济业务的处理方法（因为工业企业涵盖了最典型的经济业务），再将其他行业与之不同的业务予以补充介绍。

在阅读随后的这部分内容时，对你提出以下要求：

1. 要注意括号内的提示，那是入账金额的提示或者科目选择的提示。

2. 先试着背熟给出的典型分录，这实际上就是处理某类经济业务的模板，"★"部分为选择使用科目，你可能在处理实际经济业务时，只用到其中的一个或几个，也可能会同时用到。

3. 自己根据例题套用一下典型分录，更直观地掌握某类业务的处理。

4. 如此反复几遍，如果你能够自己做出例题的分录了，说明你已经能够按照借贷记账法处理经济业务了。

5. 要知道，经济业务的分析成败就体现在会计分录上，因为会计分录其实就是简化的记账凭证，而编制记账凭证是我们记账工作的第一步，而如果公司使用了会计软件，我们会计人员的核心工作就是编制会计分录（即填制记账凭证），记账等很多工作后面就由计算机自动完成了。所以，编制会计分录是学习会计过程中最大的难点，别放弃，你一旦越过了这道坎儿，后面就是轻松和喜悦了。

没问题的，比我们学习的数学、物理公式直观、立体多了，甚至比你想象的更简单，加油！

三、工业企业常见经济业务及其典型会计分录（摘要的括号内的内容是该业务所依据的原始凭证）

（一）资金筹集业务

1. 公司设立，接受投资（投资协议、存款证明、验资报告等）

典型分录：

借：银行存款（实收金额）　　　　　　　★

　　固定资产/无形资产（评估价）等　　★

　　贷：实收资本——甲投资人

　　　　　　　——乙投资人

......

【例5-1】博飞公司接受投入资金500 000元，其中李菁、吴同分别以货币出资200 000元，森诺公司以设备出资，评估价为100 000元。

借：银行存款　　　　　　400 000

　　固定资产——设备　　100 000

　　贷：实收资本——李菁　　　　　　200 000

——吴同	200 000
——森诺公司	100 000

注意：即使投资的是旧设备，因为是按照评估价入账，所以也不会涉及"累计折旧"问题。

2. 公司在运营中筹措资金和归还借款

典型分录：

（1）借入资金（借款协议、到账通知等）

借：银行存款（实际收到的金额）

　　贷：短期借款（1年以内的借款）★

　　　　长期借款（1年以上的借款）★

（2）计算利息（利息计算单）

借：财务费用——利息支出（一般借款的利息）★

　　在建工程（工程建设期的借款利息）　　　★

　　贷：应付利息（一年内即需要付的利息）　　　　　　　★

　　　　长期借款——应计利息（到期一次付息的长期借款利息）★

（3）到期还本（付款凭单）

借：短期借款（本金）　　★

　　长期借款（本金）　　★

　　贷：银行存款（实际支付额）

（4）支付利息（付款凭单）

借：应付利息（一年内即需要付的利息）　　　　　　　　★

　　长期借款——应计利息（到期一次付息的长期借款利息）★

　　贷：银行存款（实际支付额）

【例5-2】博飞公司从工商银行借入半年期周转借款50 000元，借款利率为6%，到期一次还本付息。

（1）借入资金

借：银行存款　　　　　　　　　　　　　　50 000

　　贷：短期借款——工商银行（周转借款）　　　　50 000

（2）每个月计算利息

借：财务费用——利息支出　　　　　　　250【50 000×6%÷12】

　　贷：应付利息——工行（周转借款）　　　　　　　　250

（3）到期还本付息

借：短期借款——工商银行（周转借款）　50 000

　　　应付利息——工行（周转借款）　　1 500　【250×6】

　　贷：银行存款　　　　　　　　　　　　　　　　　51 500

注意：

本例题中的分录（3）实际上是将典型分录中的（3）（4）合并在了一起。

如果借款期限在1年以上（不含）则通过"长期借款"核算。

如果借款是用作工程建设的，则在工程完工决算之前的利息计入"在建工程"，决算之后计入"财务费用"。

（二）物资采购业务

典型分录：

1.企业是小规模纳税人

（1）购入材料（发票、运单等）

借：在途物资（采购成本＝含税买价＋运杂费等）

　　贷：银行存款（实付金额）★

　　　　库存现金（实付金额）★

　　　　应付账款（应付金额）★

（2）材料运到，验收入库（验收入库单）

借：原材料（材料成本）

　　贷：在途物资

（3）支付欠款（付款凭单）

借：应付账款

　　贷：银行存款（实付金额）

【例5-3】11月26日，A公司从W公司购入甲材料一批，买价

20 000 元（含税价），运杂费 300 元，款项以银行存款支付，11 月 29 日
货物运达，验收入库。

①11 月 26 日，购入材料

借：在途物资——甲材料（W 公司）　　　20 300

　　贷：银行存款　　　　　　　　　　　　　　　　20 300

②11 月 29 日，甲材料运到，验收入库

借：原材料——甲材料　　　　　　　　　20 300

　　贷：在途物资——甲材料（W 公司）　　　　　20 300

③假设购货当日即验收入库了，则可以不通过"在途物资"，而是直接

借：原材料——甲材料　　　　　　　　　20 300

　　贷：银行存款　　　　　　　　　　　　　　　　20 300

【例 5-4】如前例，假设属于赊购业务，款项直到 11 月 29 日验货后
才付款。则

①取得购货单证时

借：在途物资——甲材料（W 公司）　　　20 300

　　贷：应付账款——W 公司　　　　　　　　　　20 300

②甲材料验收入库

借：原材料——甲材料　　　　　　　　　20 300

　　贷：在途物资——甲材料（W 公司）　　　　　20 300

③支付货款

借：应付账款——W 公司　　　　　　　　20 300

　　贷：银行存款　　　　　　　　　　　　　　　　20 300

【例 5-5】如前例，假设属于预付款业务，A 公司已经于 11 月 15 日
预付了 20 000 元的货款，11 月 29 日验货后又补付了 300 元运杂费。则

①预付货款时

借：预付账款——W 公司　　　　　　　　20 000

　　贷：银行存款　　　　　　　　　　　　　　　　20 000

②甲材料验收入库

借：原材料——甲材料　　　　　　　　　20 300

　　贷：预付账款——W 公司　　　　　　　　　　20 300

99

③补付货款

借：预付账款——W公司　　　300

　　贷：银行存款　　　　　　　　　300

2. 企业是一般纳税人

（1）购入材料（发票、运单等）

借：在途物资（采购成本＝不含税买价＋运费＋其他杂费）

　　应交税费——应交增值税——进项税额（经税务局认证的增值税专用发票所列税额）

　　贷：银行存款（实付金额）　★

　　　　库存现金（实付金额）　★

　　　　应付账款／预付账款等　★

（2）材料运到，验收入库（验收入库单）

借：原材料（材料成本）

　　贷：在途物资

（3）支付欠款（付款凭单）

借：应付账款

　　贷：银行存款（实付金额）

【例5-6】11月26日，博飞公司从Q公司购入乙材料一批，买价10 000元，增值税1 700元，运费200元，增值税22元（均已取得增值税专用发票），运费已用现金支付，货款暂欠。

①从Q公司取得购货发票时

借：在途物资——乙材料（Q公司）　　　　10 000

　　应交税费——应交增值税——进项税额　 1 700

　　贷：应付账款——Q公司　　　　　　　　　　　11 700

②用现金支付运费时

借：在途物资——乙材料（Q公司）　　　　　200

　　应交税费——应交增值税——进项税额　　　22

　　贷：库存现金　　　　　　　　　　　　　　　　220

③乙材料运到，验收入库

借：原材料——乙材料　　　　　　　　　　10 200【10 000+200】
　　贷：在途物资——乙材料（Q公司）　　　　　　　　10 200

④偿还欠Q公司货款

借：应付账款——Q公司　　　　　　　　　11 700
　　贷：银行存款　　　　　　　　　　　　　　　　　11 700

材料采购成本 = 买价 + 采购费用

采购费用包括运输费、装卸费、保险费、包装费、仓储费、运输途中的合理损耗、入库前的整理挑选费用、应计入成本的税金（如关税、消费税等）。

如果企业同时购入几种材料，无法分清各自的运杂费时，可以按重量、体积、价值等指标将费用在各种材料之间进行合理分摊就可以了。

一般纳税人与小规模纳税人只有在增值税的处理上有差别，其他内容是相同的。

（三）产品生产（劳务供应）业务

要更好地掌握生产过程的核算，我们需要先来了解一下成本核算的程序，如图5-4所示。

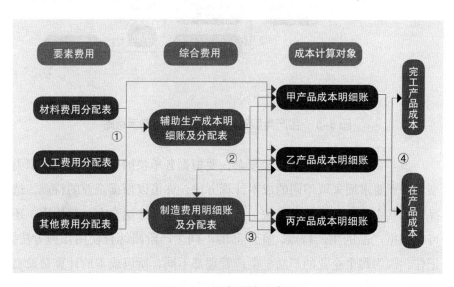

图 5-4　成本核算程序图

说明：

①材料费、人工费等要素费用的分配；

②辅助生产成本的分配（如果企业有辅助生产车间，并设有辅助生产账有该步骤，否则可以省略，而且小企业一般很少设置专门的辅助生产车间）；

③制造费用的分配（如果企业生产的不是单一产品，则需要该步骤，否则可以省略）；

④生产成本在完工产品与在产品之间进行分配，计算并结转完工产品成本。

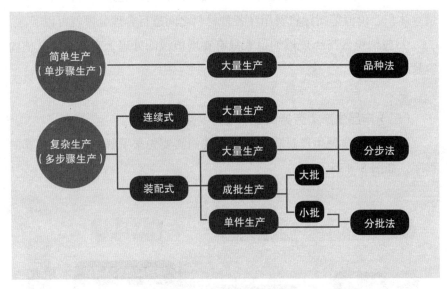

图 5-5　生产类型对成本计价方法影响示意图

成本的数据计算相对比较复杂，要根据各单位的生产特点、组织类型、管理要求而采取不同的成本计算方法，你可以根据企业的特点，选择使用其中的一种或几种方法，也可以将几种方法结合在一起使用，还可以根据产品的生产特点，在产品的不同生产阶段综合使用几种方法。记住，因为每个企业的产品、生产管理都不同，所以成本的计算是没有模版可以套的，这些内容需要在《成本会计》中详细了解，在这儿你可以事先通过图5-5初步了解一下有关成本会计中计算方法选择的内容。小企业最常用的是"品种法"和"分批法",作为入门引导,我选择了最基本、最具有代表性的"品种法"为示例,在随后的例题中按照图5-4的业务流程予以了直观地展示(其实,小企业很少设专门的辅助生产车间,例题是为了让你更全面地了解成本归集与分配的全过程),认真读一下,你会对会计工作中财务数据的密切勾稽关系,有一个最初的、立体的认识。

在实务中,为了便于核算,可以直接将"基本生产成本"和"辅助生产成本"作为一级户使用。

典型分录:

①-1 分配材料费(材料费用分配汇总表)

借:生产成本——基本生产成本——甲产品(甲产品直接耗用)

　　　　　　　　　　　　　——乙产品(乙产品直接耗用)

　　　　　　　　　　　　　——丙产品(丙产品直接耗用)

　　生产成本——辅助生产成本——×车间(辅助生产车间耗用)

　　制造费用——××车间(生产车间一般消耗/间接费用)

　　管理费用(管理部门耗用)

　　销售费用(销售部门耗用)

　　在建工程(工程耗用)

　　其他业务支出(对外销售材料)

　　贷:原材料——A材料

　　　　　　　——B材料等

①-2 分配人工费(人工费用分配汇总表)

借:生产成本——基本生产成本——甲产品(甲产品生产工人)

　　　　　　　　　　　　　——乙产品(乙产品生产工人)

　　　　　　　　　　　　　——丙产品(丙产品生产工人)

　　生产成本——辅助生产成本——×车间(辅助生产车间工作人员)

　　制造费用——××车间(车间管理人员及技术人员)

　　管理费用(管理部门人员)

103

销售费用（销售部门人员）

在建工程（工程人员）

　　贷：应付职工薪酬——工资、职工福利、社会保险费、住房公积金等

　①-3分配其他费用（其他费用分配表）

　其会计分录与分配材料费的分录基本一致，只是贷方科目不同而已。即：

借：生产成本、制造费用等

　　贷：累计折旧／银行存款／应付账款等

②分配辅助生产成本（辅助生产费用分配表）

借：生产成本——基本生产成本——甲产品（甲产品直接耗用）

　　　　　　　　　　　　　　——乙产品（乙产品直接耗用）

　　　　　　　　　　　　　　——丙产品（丙产品直接耗用）

　　　制造费用——××车间（生产车间一般消耗／间接费用）

　　　管理费用（管理部门耗用）

　　　销售费用（销售部门耗用）

　　　在建工程（工程耗用）

　　　贷：辅助生产成本——×车间

③分配基本生产车间的制造费用（制造费用分配表）

借：生产成本——基本生产成本——甲产品（甲产品应负担）

　　　　　　　　　　　　　　——乙产品（乙产品应负担）

　　　　　　　　　　　　　　——丙产品（丙产品应负担）

　　贷：制造费用——××车间

④计算结转完工产品成本（产品成本计算或完工产品成本汇总表）

借：库存商品——甲产品

　　　　　　——乙产品

　　　　　　——丙产品

贷：生产成本——基本生产成本——甲产品

　　　　　　　　　　　——乙产品

　　　　　　　　　　　——丙产品

【例 5-7】博飞公司 4 月份有关生产过程的核算业务如下：

①材料耗用情况见表 5-1。

表 5-1

材料费用分配汇总表

2014 年 4 月 30 日

单位：元

耗用部门及用途		甲材料（千克）			乙材料（件）			金额合计
		数量	单价	金额	数量	单价	金额	
基本生产车间	甲产品	4 000	40	160 000	200	200	40 000	200 000
	乙产品	3 000	40	120 000	300	200	60 000	180 000
	车间共耗	125	40	5 000				5 000
辅助生产车间	模具				300	200	60 000	60 000
管理部门					30	200	6 000	6 000
合计				285 000			166 000	451 000

105

分配材料费：

借：生产成本——基本生产成本——甲产品　　200 000

　　　　　　　　　　　　　　——乙产品　　180 000

　　　　　——辅助生产成本——模具　　　　60 000

　　制造费用——基本生产车间　　　　　　　5 000

　　管理费用　　　　　　　　　　　　　　　6 000

　　贷：原材料——甲材料　　　　　　　　　　　　285 000

　　　　　　　——乙材料　　　　　　　　　　　　166 000

②人工费用的分配情况见表5-2。

表 5-2　　　　　　　　　人工费用分配汇总表

2014 年 4 月 30 日　　　　　　　　　单位：元

应借科目 ＼ 应贷科目		生产工时	应付职工薪酬	
			分配率	分配额
基本生产成本	甲产品	12 000	—	96 000
	乙产品	8 000	—	64 000
	小计	20 000	8	160 000
制造费用	基本生产车间	—	—	8 000
辅助生产成本	模具	—	—	12 000
管理费用		—	—	30 000
合计		—	—	210 000

注：本月基本生产车间发生的生产工人薪酬费用（直接人工费用）共计 160 000 元。

直接人工费用分配率 =160 000÷40 000=8（元 / 小时）

甲产品应分配的人工费用 =12 000×8=96 000（元）

乙产品应分配的人工费用 =8 000×8=64 000（元）

分配人工费：

借：生产成本——基本生产成本——甲产品　　　96 000

　　　　　　　　　　　　　　　——乙产品　　　64 000

　　　　　　——辅助生产成本——模具　　　　　12 000

　　制造费用——基本生产车间　　　　　　　　　8 000

　　管理费用　　　　　　　　　　　　　　　　　30 000

　　贷：应付职工薪酬　　　　　　　　　　　　　　　　210 000

③博飞公司 4 月份的固定资产计提折旧的情况见表 5-3。

表 5-3　　　　　　　　　　　固定资产折旧计提表

2014 年 4 月 30 日　　　　　　　　　　单位：元

部门	应提折旧
基本生产车间	30 000
模具车间	6 200
管理部门	9 000
合计	45 200

注：小企业固定资产的折旧费用采用的是"年限平均法"，其计算公式是：

年折旧额 =（固定资产原值 - 预计净残值）÷ 预计使用年限 = 固定资产原值 × 年折旧率

年折旧率 =（1- 预计净残值率）÷ 固定资产预计使用年限 ×100%

计提折旧：

借：制造费用——基本生产车间　　　　　30 000

　　生产成本——辅助生产成本——模具　 6 200

　　管理费用　　　　　　　　　　　　　 9 000

　　贷：累计折旧　　　　　　　　　　　　　　　 45 200

④分配办公费用的情况见表 5-4。

表 5-4　　　　　　　　　　　办公费用分配表

2014 年 4 月 30 日　　　　　　　　　　单位：元

费用项目	基本生产车间	模具车间	管理部门	合计
办公用品	1 000	800	2 000	3 800

注：假设办公用品款已用支票付讫。

分配办公用品费：

借：制造费用——基本生产车间　　　 1 000

　　生产成本——辅助生产成本——模具　　 800

107

| 管理费用 | | | 2 000 |
| 贷：银行存款 | | | 3 800 |

⑤辅助生产成本的分配情况见表 5-5 所示。

表 5-5　　　　　　　　　辅助生产费用分配表

2014 年 4 月 30 日　　　　　　　　单位：元

待分配费用				79 000
提供数量（件）			395	
费用分配率（元 / 件）				200
基本生产车间	甲产品	数量	220	
		金额		44 000
	乙产品	数量	175	
		金额		35 000
分配费用合计				79 000

注：本月企业归集的辅助生产费用共计 79 000 元【60 000+12 000+6 200+800】，一般情况下，辅助生产成本期末要全额分配给其他受益部门，分配后没有余额。

费用分配率 =79 000÷395=200（元 / 件）

甲产品应分配的费用 =220×200=44 000（元）

乙产品应分配的费用 =175×200=35 000（元）

分配辅助生产费用：

借：生产成本——基本生产成本——甲产品　44 000

　　　　　　　　　　　　　　——乙产品　35 000

　　贷：生产成本——辅助生产成本——模具　　　79 000

⑥制造费用的分配情况见表5-6。

表 5-6　　　　　　　　　　　　制造费用分配表

2014 年 4 月 30 日　　　　　　　　　　　　单位：元

产品名称	生产工时	分配率（元/工时）	分配额
甲产品	2 400		26 400
乙产品	1 600		17 600
合计	4 000	11	44 000

　　注：本月企业归集的制造费用共计 44 000 元【5 000+8 000+30 000+1 000】，一般情况下，制造费用期末要全额分配给生产成本，分配后没有余额。

　　　费用分配率 =44 000÷4 000=11（元/工时）
　　　甲产品应分配的费用 =2 400×11=26 400（元）
　　　乙产品应分配的费用 =1 600×11=17 600（元）

分配制造费用：

借：生产成本——基本生产成本——甲产品　　26 400

　　　　　　　　　　　　　　——乙产品　　17 600

　贷：制造费用——基本生产车间　　　　　　　　44 000

⑦甲产品完工产品成本的计算情况见表5-7。

表 5-7 　　　　　　　　完工产品与月末在产品分配表

产品名称：甲产品 　　　　　　　　2014 年 4 月 　　　　　　　　单位：元

成本项目	直接材料	直接人工	制造费用	合计
期初在产品成本	46 800	10 000	5 400	28 200
本月生产费用	200 000	96 000	26 400	366 400
费用合计	256 800	106 000	31 800	394 600
完工产品数量	21 000	21 000	21 000	
月末在产品数量	400	400	400	
投料率 / 完工程度	100%	50%	50%	
月末在产品约当量	400	200	200	
约当总量	21 400	21 200	21 200	
单位成本	12.00	5.00	1.50	18.50
月末在产品成本	4 800	1 000	300	6 100
完工产品成本	252 000	105 000	31 500	388 500

　　注：企业将生产费用在完工产品与期末在产品之间进行分配的最常用的方法是"约当产量法"。

　　所谓"约当产量"，说白了，其实就是"期末在产品相当于多少完工产品的产量"。

　　在本例中，假设甲产品的直接材料是在生产开始时一次性投料，那么，其完工产品与在产品所耗用的直接材料是一样多的，所以其投料率（投料程度）就是100%，否则，就可以根据各个生产阶段的投料情况，测算一个百分比作为投料率（一般按照各阶段耗用的定额确定）。

　　而加工程度，由于一般是陆续加工，前后工序的在产品的加工程度相抵折中后，一般按照50%确定，当然，如果各阶段的在产品差异较大，则应当按照各阶段在产品的工时耗用量测算出期末在产品的加工程度。

　　约当产量法的计算公式为：

　　1. 月末在产品约当产量 = 在产品数量 × 在产品投料率（加工程度）

甲产品直接材料的月末在产品的约当产量 =400×100%=400

甲产品直接人工和制造费用的月末在产品的约当产量 =400×50%=200

Ⅱ.计算某项费用的分配率 = 生产费用合计【期初在产品成本 + 本月生产费用】÷ 约当总产量【完工产品产量 + 期末在产品约当产量】

甲产品直接材料的分配率【实际是单位产品的材料成本】

=256 800÷21 400=12（元 / 件）

甲产品直接人工的分配率【实际是单位产品的人工成本】

=106 000÷21 200=5（元 / 件）

甲产品制造费用的分配率【实际是单位产品的制造费用】

=31 800÷21 400=1.5（元 / 件）

甲产品的单位成本 =12+5+1.5=18.5（元 / 件）

111

Ⅲ.月末在产品应分配的费用 = 月末在产品约当产量 × 该项费用分配率

甲在产品应分配的直接材料费用 = 400×12=4 800（元）

甲在产品应分配的直接人工费用 = 200×5=1 000（元）

甲在产品应分配的制造费用 = 200×1.5=300（元）

甲在产品的成本 = 4 800+1 000+300=6 100（元）

Ⅳ.本月完工产品应分配的某项费用 = 完工产品产量 × 费用分配率 = 月初在产品该费用 + 本月发生该费用 – 月末在产品该费用

甲完工产品直接材料成本 =21 000×12=252 000（元）或 =256 800-4 800=252 000（元）

甲完工产品直接人工成本 =21 000×5=105 000（元）或 =106 000-1 000=105 000（元）

甲完工产品制造费用 =21 000×1.5=31 500（元）或 =31 800-300=31 500（元）

甲完工产品的总成本 =252 000+105 000+31 500=21 000×18.5

=388 500（元）

根据表 5-7，结转甲完工产品成本：

借：库存商品——甲产品　　　　　　　　388 500

　　贷：生产成本——基本生产成本——甲产品　　　　388 500

要知道，在会计教学中，成本计算是制造业会计中最难、最复杂的内容，这个实例看上去是不是并不复杂？其实它就代表了成本计算的一般流程，有信心了吧。学会计并不难。

（四）产品销售（劳务提供）业务

和采购过程相对应，销售的核算也要区分企业的类型，即"小规模纳税人"和"一般纳税人"。二者在核算上的主要区别就是：

小规模纳税人直接按所确认收入乘以 3% 的征收率计算应交增值税就可以了，不存在"进项税额"和"销项税额"之间抵扣的问题。

报价为不含税收入时：

应交增值税 = 不含税收入（报价）×3%

报价为含税收入时，则需要进行价税分离，也就是要把名义售价拆成"收入"和"税金"两部分，即

$$不含税收入 = \frac{含税收入（报价）}{1+3\%}$$

$$应交增值税 = 不含税收入 \times 3\% = \frac{含税收入（报价）}{1+3\%} \times 3\%$$

而一般纳税人则需要根据所确认收入乘以适用税率（17%、13%、11%、6%）计算出"销项税额"，并与采购过程中发生的"进项税额"进行抵扣，计算出应交增值税，相对比较复杂。即

应交增值税 = 销项税额 - 进项税额

同样，报价如果是不含税收入，则

增值税销项税额 = 不含税收入 × 适用税率（17%、13%、11%、6%）

如果报价为含税收入，同样需要进行价税分离，即

$$不含税收入 = \frac{含税收入（报价）}{1+适用税率（17\%、13\%、11\%、6\%）}$$

增值税销项税额 = 不含税收入 × 适用税率（17%、13%、11%、6%）

$$= \frac{含税收入（报价）}{1+适用税率} × 适用税率$$

1. 企业是小规模纳税人

典型分录：

（1）销售商品（发票、货运单、收款证明等）

借：银行存款 / 应收账款 / 应收票据 / 预收账款等（已收或应收的款项）

　　贷：主营业务收入——× 商品（不含税收入）

　　　　应交税费——应交增值税（不含税收入 ×3%）

（2）结转销售成本（销售成本计算单）

借：主营业务成本——× 商品（商品的实际成本）

　　贷：库存商品——× 商品

（3）主营业务经营过程中需要缴纳的消费税、城市维护建设税、资源税、教育费附加等（税费计算单）

借：主营业务税金及附加

　　贷：应交税费——应交消费税、城市维护建设税等

（4）支付欠款（付款凭单）

借：应付账款 / 预付账款等

　　贷：银行存款（实付金额）

【例 5-8】A 公司是小规模纳税人，销售给 B 公司甲产品一批，含税售价 20 600 元，成本 15 000 元，增值税税率 3%，城市维护建设税税率 7%，教育费附加 5%（其中 2% 为地方附加），货物已发出，款项暂未收

到。（注：自 2015 年 1 月 1 日起至 2017 年 12 月 31 日，小微企业将免征教育费附加、地方教育附加、水利建设基金、文化事业建设费）

①销售甲产品

借：应收账款——B 公司　　　　20 600

　　贷：主营业务收入——甲产品　　20 000【20 600÷（1+3%）】

　　　　应交税费——应交增值税　　　600【20 000×3%】

②结转甲产品销售成本

借：主营业务成本——甲产品　15 000

　　贷：库存商品——甲产品　　　　15 000

③计算应缴纳的城建税及教育费附加（符合免征条件的小微企业不涉及教育费附加）

借：主营业务税金及附加　　　　　　72

　　贷：应交税费——应交城市维护建设税　　42【600×7%】

　　　　　　　　——应交教育费附加　　　30【600×5%】

2. 企业是一般纳税人

典型分录：

（1）销售商品（发票、运单、收款凭证）

借：银行存款／应收账款／应收票据／预收账款等（已收或应收的款项）

　　贷：主营业务收入——×商品（不含税收入）

　　　　应交税费——应交增值税——销项税额（不含税收入 × 适用税率）

（2）结转销售成本（销售成本计算单）

借：主营业务成本——×商品（商品的实际成本）

　　贷：库存商品——×商品

（3）经营过程中需要缴纳的消费税、城市维护建设税、教育费附加等（税费计算单）

借：主营业务税金及附加（"主营业务收入"对应的税费）

　　其他业务支出（"其他业务收入"对应的税费）

　　贷：应交税费——应交消费税、城市维护建设税等

（4）收回应收（补付）的货款（收款凭单）

借：银行存款

　　贷：应收账款／预收账款

（5）债务人破产等导致应收账款无法收回（坏账处理批准文件）

借：管理费用——坏账损失（无法收回的金额）

　　贷：应收账款

所谓"坏账"，实际上就是企业无法收回的应收款项。

按照《小企业会计准则》的规定，小企业应收及预付款项符合下列条件之一的，减除可收回的金额后确认的无法收回的应收及预付款项，作为坏账损失：

（一）债务人依法宣告破产、关闭、解散、被撤销，或者被依法注销、吊销营业执照，其清算财产不足清偿的。

（二）债务人死亡，或者依法被宣告失踪、死亡，其财产或者遗产不足清偿的。

（三）债务人逾期3年以上未清偿，且有确凿证据证明已无力清偿债务的。

（四）与债务人达成债务重组协议或法院批准破产重整计划后，无法追偿的。

（五）因自然灾害、战争等不可抗力导致无法收回的。

（六）国务院财政、税务主管部门规定的其他条件。

应收及预付款项的坏账损失应当于实际发生时计入营业外支出，同时冲减应收及预付款项。

你可能注意到了，前面我给出的会计分录中，坏账损失是计入了"管理费用"，而非准则规定的"营业外支出"，这就是我们会计工作比较让人头疼的地方，其政策的稳定性相对较差，相关的法律法规会经常根据经济形势的变化而发生变化，特别是当某一指导性文件刚刚出台的

一段时间。《准则》是一种框架性规定，《业务指南》则是根据实际情况做的进一步细化指导，可操作性更强一些，而计入"管理费用"正是相关《业务指南》的新规定。

政策规定的这种不稳定性，其实也是可以理解的，就像我们所熟悉的《新华字典》，堪称为"典"的东西，一般是极严肃的，在我们国家，每隔几年要更新一次内容呢。很多字词的读音、使用让普通的百姓、学子无所适从。我们财经类的法规变动，其影响程度还是远远小于字典的。

【例5-9】博飞公司为一般纳税人，5月20日预收百岸公司货款20 000元，6月3日发出乙产品一批，不含税售价为30 000元，增值税税率为17%，产品的实际成本为20 000元，城市维护建设税税率7%，教育费附加5%（其中2%为地方附加），6月12日收到百岸公司补付的余款。

①预收百岸公司货款

借：银行存款　　　　　　　　　　　　　　20 000

　　贷：预收账款——百岸公司　　　　　　　　　　　20 000

②发出乙产品

借：预收账款——百岸公司　　　　　　　　35 100

　　贷：主营业务收入——乙产品　　　　　　30 000

　　　　应交税费——应交增值税——销项税额　　　5 100

　　　　【30 000×17%】

③结转乙产品销售成本

借：主营业务成本——乙产品　　　　　　　20 000

　　贷：库存商品——乙产品　　　　　　　　　　20 000

④收到百岸公司补付的余款

借：银行存款　　　　　　　　　　　　　　15 100

　　贷：预收账款——百岸公司　　　　　　　　　　15 100

⑤假设6月份博飞公司增值税的销项税额共计150 000元，进项税额共计120 000元，则其应纳的增值税为：150 000-120 000=30 000元，

其缴纳增值税的分录就应为：

借：应交税费——应交增值税——已交税金　30 000

　　贷：银行存款　　　　　　　　　　　　　　30 000

⑥计算应缴纳的城建税及教育费附加

借：主营业务税金及附加　　　　　　3 600

　　贷：应交税费——应交城市维护建设税　　2 100【30 000×7%】

　　　　　　　　——应交教育费附加　　　　1 500【30 000×5%】

税金是一个比较敏感的概念，其计算与核算相对比较复杂，所以规模大的单位都会专门设有主管纳税业务的会计，并由业务能力较强的会计人员担任。在审计工作中，涉税审计一般也是由项目经理或签字的注册会计师负责，足见其重要性和业务的复杂性，所以近年来比较流行"纳税筹划师"这一职业，税务部门也会进行专门的培训，要胜任会计工作，建议你阅读一下《纳税会计》以及《税法》、《企业纳税筹划》，对你的工作会很有帮助的。

企业销售多余的材料物资、出租资产等发生的收入、结转的成本以及发生的相关税费等则分别通过"其他业务收入"和"其他业务支出"核算。

117

（五）对外投资业务

1. 购入准备短期持有的，可以随时变现的股票、债券、基金等（属于短期投资）

（1）购入时（付款凭单等）

借：短期投资（支付的全部价款，注意要扣除股票中包含的已宣告发放的现金股利以及债券中包含的已到付息期，但尚未领取的利息）

　　　　应收股利（购入的股票中包含的已宣告发放的现金股利）

　　　　应收利息（购入的债券中包含的已到付息期，但尚未领取的利息）★

　　贷：银行存款（实际支付的金额）　　　　　　　　　　　　★

（2）持有期间被投资单位宣告发放现金股利（股利计算单）

借：应收股利（应分得的现金股利）

　　贷：投资收益

（3）持有期间，月末计算分期付息债券的应收利息（利息计算单）

借：应收利息（债券的票面金额 × 票面利率）

　　贷：投资收益

（4）收到股利或利息（收款凭单）

借：银行存款（实际收到的金额）

　　贷：应收股利　　　　　　　　　　★

　　　　应收利息　　　　　　　　　　★

（5）售出（赎回）持有的股票、债券、基金等（收款凭单及成本计算单等）

借：银行存款（实际收到的款项）

　　投资收益（投资损失额）　　　　　　　　　　　★

　　贷：短期投资（购入成本）

　　　　应收股利（包含已宣告发放的现金股利）　　　★

　　　　应收利息（包含已到付息期，但尚未领取的利息）　★

　　　　投资收益（投资收益额）　　　　　　　　　　★

【例5-10】博飞公司2014年1月8日利用公司暂时闲置的资金购入A公司的股票20 000股，共支付价款及其他费用201 000元，其中包含已宣告发放但尚未发放的现金股利2 000元，1月12日股息到账。同年4月15日，因为资金需要，将持有的A公司股票全部售出，共取得收入207 050元。

①1月8日购入时

借：短期投资——A公司股票　199 000

　　应收股利——A公司　　　　2 000

　　贷：银行存款　　　　　　　　　　　201 000

②1月12日收到股利

借：银行存款　　　　　　　　　2 000

　　贷：应收股利——A公司　　　　　　　2 000

③4月15日售出A公司股票

借：银行存款　　　　　　　　207 050

　　贷：短期投资——A 公司股票　　199 000

　　　　投资收益　　　　　　　　　8 050

2. 购入 1 年内不准备或不能随时变现的债券（属于长期投资）

（1）购入时（付款凭单、交割明细等）

借：长期债券投资——本金（支付的全部价款，注意要扣除债券中包含的已到付息期，但尚未领取的利息）

　　　应收利息（购入的债券中包含的已到付息期，但尚未领取的利息）★

　　贷：银行存款（实际支付的金额）

（2）持有期间，月末计算应获得的债券利息（利息计算单）

借：应收利息（分期付息的利息）★

　　长期债券投资——应计利息（一次还本付息的利息）★

　　贷：投资收益（债券的票面金额 × 票面利率）

（3）收到利息（收款凭证）

借：银行存款（实际收到的金额）

　　贷：应收利息

（4）到期收回（或售出）持有的债券（收款凭证、交割明细等）

借：银行存款（实际收到的款项）

　　投资收益（差额，即投资损失额）★

　　贷：长期债券投资——本金（购入成本）

　　　　长期债券投资——应计利息（含有一次还本付息的利息）★★

　　　　应收利息（尚未领取的分期付息的利息）★★

　　　　投资收益（差额，即投资收益额）★

3. 购入准备长期持有的股权（1 年内不准备变现）

（1）购入时（付款凭单、交割明细等）

借：长期股权投资——本金（支付的全部价款，注意要扣除股权中包含的已宣告，但尚未发放的现金股利）

　　　应收股利（购入的股票中包含的已宣告，但尚未发放的现金股利）★

　　贷：银行存款（实际支付的金额）

119

（2）持有期间，被投资单位宣告发放现金股利（股利计算单）

借：应收股利（应分得的金额）

　　贷：投资收益

（3）收到股利（收款单）

借：银行存款（实际收到的金额）

　　贷：应收股利

（4）售出持有的股票（收款单、交割单）

借：银行存款（实际收到的款项）

　　投资收益（差额，即投资损失额）★

　　贷：长期股权投资（购入成本）

　　　　应收股利（股票中包含的已宣告发放，但尚未发放的现金股

利）★

　　　　投资收益（差额，即投资收益额）★

（六）其他往来业务

1. 其他应收款

包括各种罚款、赔款、应向职工收取的垫付款、存出保证金（如押金）等。其中最典型的是职工出差预借款。

（1）借款时（借款单、支付凭证等）

借：其他应收款——借款人姓名

　　贷：库存现金/银行存款（实际支付金额）

（2）出差回来，报销费用（费用报销单等）

借：管理费用——差旅费（实际花费额）

　　库存现金（退回多借的金额）★

　　贷：其他应收款——借款人姓名（借款额）

　　　　库存现金（补付超出预借款的金额）★

【例5-11】根据"工作步骤三"中李明预借差旅费的例子，信息见图3-16"借款单图例"和图3-17"差旅费报销单示例"。

①1月7日预借差旅费时

借：其他应收款——李明　　　1 000

　　贷：库存现金　　　　　　　　　　1 000

②1月13日报销差旅费时

借：管理费用——差旅费　　　876

　　库存现金　　　　　　　　　124

　　贷：其他应收款——李明　　　　　1 000

2.其他应付款

如应付租入固定资产和包装物的租金，存入保证金（即押金）等。

（1）计算应支付金额（租赁协议、费用计算单等）

借：制造费用/管理费用等

　　贷：其他应付款——债权人

（2）实际支付（付款凭单）

借：其他应付款——债权人

　　贷：银行存款/库存现金

121

（七）财产清查业务

1.存货盘亏

（1）发现盘亏（盘存单等）

借：待处理财产损溢——待处理流动资产损溢

　　贷：原材料/库存商品等

　　　　应交税费——应交增值税——进项税额转出（一般纳税人盘亏存货的进项税额，小规模纳税人不涉及）★

（2）按规定处理盘亏（处理批文）

借：　其他应收款（事故责任人或保险公司赔款）

　　　管理费用——经营损失（净损失）

　　　营业外支出——非常损失（意外灾害造成的净损失）

　　贷：待处理财产损溢——待处理流动资产损溢

【例5-12】2013年12月11日，博飞公司在清查存货时，发现盘亏

A 材料 5 千克，单位成本 20 元，属于定额内的合理损耗。

①发现盘亏时，根据存货盘存单

借：待处理财产损溢——待处理流动资产损溢　　100

　　贷：原材料——A 材料　　　　　　　　　　　　　100

②查明原因，根据处理批示

借：管理费用——其他　　　　　　　　　　100

　　贷：待处理财产损溢——待处理流动资产损溢　　100

2. 固定资产盘亏

（1）发现盘亏（盘存单等）

借：待处理财产损溢——待处理固定资产损溢

　　累计折旧（已经提取的折旧额）

　　贷：固定资产（原值）

②按规定处理盘亏（处理批文）

借：其他应收款（事故责任人或保险公司赔款）

　　营业外支出（净损失）

　　贷：待处理财产损溢——待处理固定资产损溢

3. 资产盘盈

①发现盘盈（盘存单等）

借：原材料 / 库存商品 / 固定资产（评估价）等

　　贷：待处理财产损溢——待处理流动资产损溢 / 待处理固定资产损溢

注意：虽然存货或固定资产增加了，但因为不是购入业务，没有购入发票，所以不涉及增值税的进项税问题。

②按规定处理盘盈（处理批文）

借：待处理财产损溢——待处理流动资产损溢 / 待处理固定资产损溢

　　贷：营业外收入

（八）利润形成业务

"供应"、"生产"、"销售"这三个阶段的主要经济业务我们已经进行了分析，下面我们就要计算企业的利润了。还记得我们在第四步的任务中学习的会计等式——收入－费用＝利润吗？将这个公式分解开来，就是这样一组计算公式：

主营业务利润＝主营业务收入 － 主营业务成本 － 主营业务税金及附加

营业利润＝主营业务利润＋其他业务收入＋投资收益（减投资损失）－ 其他业务支出－销售费用 － 管理费用 － 财务费用

利润总额＝营业利润＋营业外收入－营业外支出

所得税费用＝应纳税所得额 × 所得税税率

净利润＝利润总额 － 所得税费用

这一组公式也是后面我们编制"利润表"的依据。有兴趣的话，你可以看一眼第七步中的"'利润表'的格式"（见表7-5）。

利润形成的核算过程实际上就是将"损益类"账户余额从相反方向转入"本年利润"的过程。

典型分录：

（1）结转收入类账户余额（损益类账户余额表）

借：主营业务收入

　　其他业务收入

　　营业外收入

　　投资收益

　贷：本年利润

（2）结转费用类账户余额（损益类账户余额表）

借：本年利润

　贷：主营业务成本

　　　其他业务支出

　　　主营业务税金及附加

　　　销售费用

　　　管理费用

123

　　财务费用

　　营业外支出

（3）计算需要缴纳的企业所得税（所得税计算单）

借：所得税费用

　　贷：应交税费——应交所得税

（4）结转所得税费用（所得税计算单）

借：本年利润

　　贷：所得税费用

（5）将"本年利润"的贷方余额转入"利润分配"（利润计算单）

借：本年利润

　　贷：利润分配——未分配利润

注：如果"本年利润"为借方余额，则表示亏损，做相反分录。

【例5-13】博飞公司2014年年末损益类账户的余额情况见表5-8。

表5-8　　　　　　　　　　损益类账户余额表

账户名称	借方余额	贷方余额
主营业务收入		954 000.00
其他业务收入		3 400.00
营业外收入		600.00
投资收益		2 000.00
主营业务成本	532 000.00	
其他业务支出	2 800.00	
主营业务税金及附加	28 876.00	
销售费用	5 800.00	
管理费用	32 800.00	
财务费用	424.00	
营业外支出	500.00	
合计	603 200.00	960 000.00

①结转收入类账户余额

借：主营业务收入　　　954 000

　　其他业务收入　　　　3 400

　　营业外收入　　　　　　600

　　投资收益　　　　　　2 000

　　贷：本年利润　　　　　　　　960 000

②结转支出类账户余额

借：本年利润　　　　　603 200

　　贷：主营业务成本　　　　　　532 000

　　　其他业务支出　　　　　　　2 800

　　　主营业务税金及附加　　　　28 876

　　　销售费用　　　　　　　　　5 800

　　　管理费用　　　　　　　　　32 800

　　　财务费用　　　　　　　　　　424

　　　营业外支出　　　　　　　　　500

③计算需要缴纳的企业所得税

利润总额 =960 000−603 200=356 800（元）

假设没有纳税调整项目，所得税税率为25%，则

应交企业所得税为 356 800×25%=89 200（元）。

借：所得税费用　　　　　　89 200

　　贷：应交税费——应交所得税　　89 200

④结转所得税费用

借：本年利润　　　　　　　89 200

　　贷：所得税费用　　　　　　　89 200

⑤缴纳所得税

借：应交税费——应交所得税　89 200

　　贷：银行存款　　　　　　　　89 200

净利润 =356 800−89 200=267 600（元）

⑥结转"本年利润"余额

借：本年利润　　　　　　　267 600
　　贷：利润分配——未分配利润　　　267 600

　　现在，我们已经计算出了企业的净利润，但是企业的会计核算并没有到此为止，我们还需要按照国家规定以及公司的规定，对这些利润进行分配。

（九）利润分配业务

　　我们先来了解一下利润分配的顺序：

　　第一步：提取法定盈余公积金（一般按净利润的10%计提，当"法定盈余公积"账户余额达到注册资本的50%时，可以不再提取）。

　　第二步：按照公司章程的约定，提取任意盈余公积金（比例按章程规定）。

　　第三步：向投资者分配利润。

　　典型分录：

　　（1）提取盈余公积

　　借：利润分配——提取法定盈余公积

　　　　　　　　　——提取任意盈余公积

　　　贷：盈余公积——法定盈余公积（提取额）

　　　　　　　　——任意盈余公积（提取额）

　　（2）向投资者分配利润

　　借：利润分配——应付股利

　　　贷：应付股利——甲投资人

　　　　　　　　——乙投资人等

　　（3）结转"利润分配"其他明细户余额至"未分配利润"

　　借：利润分配——未分配利润

　　　贷：利润分配——提取法定盈余公积

　　　　　　　　　——提取任意盈余公积

　　　　　　　　　——应付股利

【例 5-14】承接上例，假设博飞公司按 10% 提取法定盈余公积，按 5% 提取任意盈余公积，按净利润的 60% 向投资者分配股利，李菁、吴同、森诺公司各占股份 40%、40%、20% 。

①提取盈余公积

借：利润分配——提取法定盈余公积　26 760【267 600×10%】

　　　　　　——提取任意盈余公积　13 380【267 600×5%】

　贷：盈余公积——法定盈余公积（提取额）　　　　　26 760

　　　　　　——任意盈余公积（提取额）　　　　　　13 380

②向投资者分配利润

借：利润分配——应付股利　160 560【267 600×60%】

　贷：应付股利——李菁　　　　　64 224【160 560×40%】

　　　　　　——吴同　　　　　　64 224【160 560×40%】

　　　　　　——森诺公司　　　　32 112【160 560×20%】

127

③结转"利润分配"其他明细户余额至"未分配利润"

借：利润分配——未分配利润　　　　200 700

　贷：利润分配——提取法定盈余公积　　　26 760

　　　　　　——提取任意盈余公积　　　　13 380

　　　　　　——应付股利　　　　　　　　160 560

好了，经过以上的一系列处理，现在损益类账户的余额均已经转出，即损益类账户经过结转后余额为"零"了，"本年利润"以及除"未分配利润"外的"利润分配"的其他明细户的余额也结平为"零"了，只剩下了"利润分配——未分配利润"账户尚有余额，它表示的就是企业经过一段时间经营以后剩余的可供继续分配的利润了（贷方余额为盈利，借方余额为亏损）。

如果你不相信的话，可以试着画一下"T"型账，按照记账规则，把结转前的余额以及我们结转过程中的发生额分别填写在对应的"借"、

"贷"方，或许你会惊讶于会计核算的神奇呢。

就像这样（如图5-6-1~5所示）：

主营业务收入				
摘要	借方发生额	贷方发生额	方向	余额
结转前累计发生额		954 000	贷	954 000
【例5-13】①	954 000		平	0

图5-6-1　经济业务分析"T"型账户示意图1

主营业务成本				
摘要	借方发生额	贷方发生额	方向	余额
结转前累计发生额	532 000		借	532 000
【例5-13】②		532 000	平	0

图5-6-2　经济业务分析"T"型账户示意图2

本年利润				
摘要	借方发生额	贷方发生额	方向	余额
【例5-13】①		960 000	贷	960 000
【例5-13】②	603 200		贷	356 800
【例5-13】④	89 200		贷	267 600
【例5-13】⑥	267 600		平	0

图5-6-3　经济业务分析"T"型账户示意图3

利润分配——未分配利润				
摘要	借方发生额	贷方发生额	方向	余额
【例5-13】⑥		267 600	贷	267 600
【例5-14】③	200 700		贷	66 900

图5-6-4　经济业务分析"T"型账户示意图4

利润分配——应付股利				
摘要	借方发生额	贷方发生额	方向	余额
【例5-14】②	160 560		借	160 560
【例5-14】③		160 560	平	0

129

图5-6-5　经济业务分析"T"型账户示意图5

……

因为篇幅的限制，我这儿只是挑选了几个有代表性的账户进行了演示，其实，记账也就这么简单，只不过规范的账簿会有专门的格式而已。

如果你看不太明白，或者不知道该怎么做，没关系，我会在后面"怎样记账"的内容里做进一步地说明，这儿就算是热身吧。这种对会计分录的认识和对简易"账簿"的了解，在你进一步学习后面的内容中起到过渡作用。

四、其他企业常见经济业务及其典型会计分录

（一）商业企业

商业企业相对于工业企业而言，因为一般不涉及产品的生产加工问题，所以其经济业务更简单一些。在常规经济业务中，与工业企业稍有差异的就是商品的购销。

1. 企业是小规模纳税人

典型分录：

（1）购入材料（发票、运单等）

借：在途物资（进价＝含税买价＋运杂费）

　　贷：银行存款（实付金额）

　　　　库存现金（实付金额）

　　　　应付账款（应付金额）

（2）商品运到，验收入库（验收入库单）

借：库存商品（商品进价）

　　贷：在途物资

（3）结转销售货物的成本（商品成本计算单）

借：主营业务成本

　　贷：库存商品（商品进价）

【例5-15】11月10日，A商贸公司从W公司购入甲商品1 000件，买价20 000元（含税价），运杂费300元，款项以银行存款支付，11月11日货物运达，验收入库，当月售出600件。

①11月10日，购入商品

借：在途物资——甲商品（W公司）　20 300

　　贷：银行存款　　　　　　　　　　　　　20 300

②11月11日，甲商品运到，验收入库

借：库存商品——甲商品　　　　　　20 300

　　　　贷：在途物资——甲商品（W 公司）　　　　20 300

③结转已销售甲商品的成本

借：主营业务成本——甲商品 12 180【20 300÷1 000×600】

　　　　贷：库存商品——甲商品　　　　　　　　　　　12 180

2. 企业是一般纳税人

（1）购入商品（发票、运单等）

借：在途物资（进价＝不含税买价＋运费＋其他杂费）

　　　应交税费——应交增值税——进项税额（经税务局认证的增值
税专用发票所列税额）

　　　　贷：银行存款（实付金额）

　　　　　　库存现金（实付金额）

　　　　　　应付账款／预付账款

（2）商品运到，验收入库（验收入库单）

借：库存商品（商品进价）

　　　　贷：在途物资

（3）结转销售货物的成本（商品成本计算单）

借：主营业务成本

　　　　贷：库存商品（商品进价）

　　【例 5-16】11 月 2 日，百岸商贸公司从 Q 公司购入乙商品 200 件，买价 10 000 元、增值税 1 700 元，运费 200 元、增值税 22 元（均已取得增值税专用发票），运费已用现金支付，货款暂未支付，11 月 3 日货物运达，全部验收入库，当月销售了 150 件。

①从 Q 公司取得购货发票时

借：在途物资——乙商品（Q 公司）　　　　10 000

　　　应交税费—应交增值税—进项税额　　　　1 700

　　　　贷：应付账款——Q 公司　　　　　　　　　11 700

②用现金支付运费时

借：在途物资——乙商品（Q公司）   200

  应交税费—应交增值税—进项税额 22

   贷：库存现金   222

③乙商品运到，验收入库

借：库存商品——乙商品   10 200【10 000+200】

   贷：在途物资——乙商品（Q公司）   10 200

④结转已销售乙商品的成本

借：主营业务成本——乙商品 7 650【10 200÷200×150】

   贷：库存商品——乙商品   7 650

（二）农、林、牧、渔企业

农业企业相对于工业企业而言，其生产的产品不是通常意义上所说的"库存商品"，而是"农产品"，所以应将"库存商品"置换为"农产品"。在常规经济业务中，与工业企业稍有差异的就是"消耗性生物资产"和"生产性生物资产"的核算。

1.消耗性生物资产

消耗性生物资产，是指企业（农、林、牧、渔业）生长中的大田作物、蔬菜、用材林以及存栏待售的牲畜等。

其外购成本和工业企业的材料采购成本的确定方法一样。

自行栽培、营造、繁殖或养殖的消耗性生物资产的成本，应当按照下列规定确定：

（1）自行栽培的大田作物和蔬菜的成本包括：在收获前耗用的种子、肥料、农药等材料费、人工费和应分摊的间接费用。

（2）自行营造的林木类消耗性生物资产的成本包括：郁闭前发生的造林费、抚育费、营林设施费、良种试验费、调查设计费和应分摊的间接费用。

（3）自行繁殖的育肥畜的成本包括：出售前发生的饲料费、人工费和应分摊的间接费用。

（4）水产养殖的动物和植物的成本包括：在出售或入库前耗用的苗

种、饲料、肥料等材料费、人工费和应分摊的间接费用。

典型分录：

①发生或分摊相关费用时

借：消耗性生物资产（实际发生的费用）

　　贷：银行存款／应付账款等

②收获农产品时

借：农产品

　　贷：消耗性生物资产（实际成本）

③直接出售，结转成本

借：主营业务成本

　　贷：消耗性生物资产（实际成本）

④如果将育肥畜转为产畜或役畜，则应当按照实际成本

借：生产性生物资产

　　贷：消耗性生物资产（实际成本）

2. 生产性生物资产

生产性生物资产，是指小企业（农、林、牧、渔业）为生产农产品、提供劳务或出租等目的而持有的生物资产。包括：经济林、薪炭林、产畜和役畜等。

生产性生物资产类似于工业企业的"固定资产"。其成本的确定方法如下：

（1）外购的生产性生物资产的成本，应当按照购买价款和相关税费确定。

（2）自行营造或繁殖的生产性生物资产的成本，应当按照下列规定确定：

①自行营造的林木类生产性生物资产的成本包括：达到预定生产经营目的前发生的造林费、抚育费、营林设施费、良种试验费、调查设计费和应分摊的间接费用等必要支出。

②自行繁殖的产畜和役畜的成本包括：达到预定生产经营目的前发生的饲料费、人工费和应分摊的间接费用等必要支出。

达到预定生产经营目的，是指生产性生物资产进入正常生产期，可以多年连续稳定产出农产品、提供劳务或出租。

和工业企业的"固定资产"一样，生产性生物资产也应当按照年限平均法计提折旧，其使用的会计科目是"生产性生物资产累计折旧"。

如果你学会了工业企业的"固定资产"的核算，把与固定资产相关的业务，置换为"生产性生物资产"和"生产性生物资产累计折旧"就可以了。

如果将产畜或役畜转为育肥畜，则应当按照转群时的账面价值

借：消耗性生物资产（账面价值）

生产性生物资产累计折旧（已提折旧）

贷：生产性生物资产（账面余额）

（三）建造承包商

和工业企业相比，建造承包商在日常核算中有自己独有特色的会计科目，是"工程施工"、"工程结算"和"机械作业"三个科目。其核算方法如下：

1. 工程施工

该会计科目核算建造承包商实际发生的合同成本和合同毛利。应当按建造合同分别"合同成本"、"间接费用"、"合同毛利"进行明细核算。

合同成本：核算建造承包商在工程施工过程中发生的各项直接费用和分配转入的间接费用。

间接费用：核算建造承包商在工程施工过程中发生的各项间接费用。

合同毛利：核算建造承包商合同收入与合同费用的差额。

2. 工程结算

该科目核算建造承包商根据建造合同约定向业主办理结算的累计金额。应按建造合同进行明细核算。

3.机械作业

该科目核算建造承包商及其内部独立核算的施工单位、机械站、运输队使用自有施工机械和运输设备进行机械作业（包括机械化施工、运输作业等）所发生的各项费用。应按施工机械或运输设备的种类设明细账，账内分别按人工费、燃料及动力费、折旧及修理费、其他直接费、间接费用等项目进行核算。

典型分录参见【例5-17】。

【例5-17】假设某建造承包商11月份发生的相关业务如下：

①A工程发生的材料、人工、机械使用费、现场的二次搬运费等直接费用120 000元。

借：工程施工——合同成本——A工程　　120 000

　　贷：银行存款/应付职工薪酬/原材料等　　　　120 000

②本月发生管理人员工资、折旧费、保险费、保修费等间接费用60 000

借：工程施工——间接费用　　　　　　60 000

　　贷：累计折旧/银行存款等　　　　　　　　　60 000

③发生机械作业费20 000

借：机械作业——种类　　　　　　　　20 000

　　贷：原材料/应付职工薪酬等　　　　　　　　20 000

④期末，将间接费用分配计入合同成本（和工业企业的"制造费用"的分配类似）

借：工程施工——合同成本——A工程　　15 000

　　　　　　　　　　　　——B工程　　45 000

　　贷：工程施工——间接费用　　　　　　　　　60 000

⑤期末分配机械作业成本（和工业企业的"辅助生产成本"的分配类似）

借：工程施工——合同成本——A 工程　　　　6 000

——B 工程　　　10 000

劳务成本　　　　　　　　　　　　　　4 000

（对外部单位提供劳务应分配的费用）

贷：机械作业——种类　　　　　　　　　　　　　20 000

⑥结算工程款

借：应收账款——债务人　　　　　　200 000

贷：工程结算——A 工程　　　　　　　　200 000

⑦确认合同收入、合同费用

借：主营业务成本——A 工程（合同费用）141 000

工程施工——合同毛利（差额）　　59 000

贷：主营业务收入——A 工程（合同收益）　　200 000

注：亏损额在"合同毛利"的贷方反映。

⑧工程完工，与工程结算对冲

借：工程结算——A 工程　　　　　　200 000

贷：工程施工——合同成本（累计成本）　　　141 000【120 000+15 000+6 000】

工程施工——合同毛利（确定的盈利额）　　　59 000

相关账户的业务发生情况如图 5-7 所示。

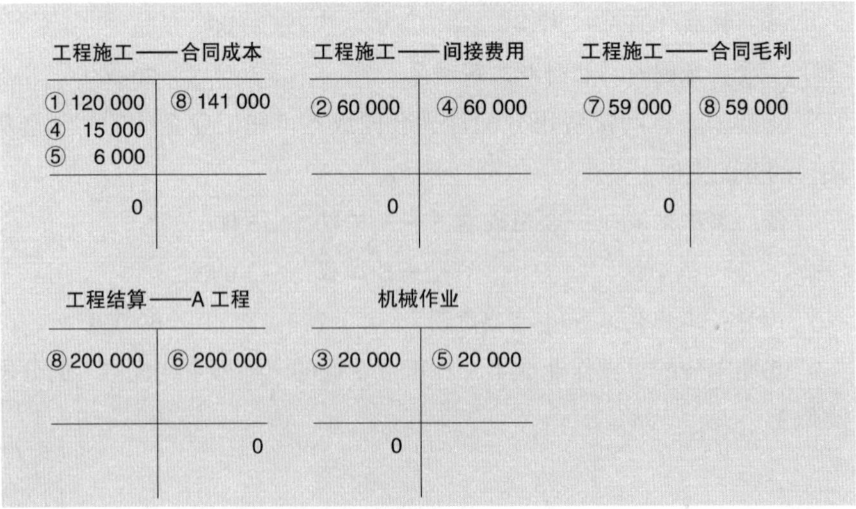

图 5-7　　建造承包账户实例图示

从图 5-7 不难看出，在工程完工，结算完工程款后，"工程施工"、"工程结算"、"机械作业"这三个账户的余额都是"0"。

好了，现在，各类小企业常见的经济业务我们都一一做了分析。如果你能看懂这些会计分录了，那么，你就已经走完了胜任小企业会计岗位的一大半路程。这其实就像我们爬山一样，每一个会计分录都是登顶的台阶，如果你已经全部看懂了，也就爬完了最陡的路程，后面就是缓步前行，边小憩边欣赏即将登顶的美景了。

准备好了吗？我们继续完成我们的会计之旅吧。后面你可以领略到别样的风景。

任务二　填制记账凭证

前面说了"会计分录是对每一会计事项确定其应借应贷的账户名称及其金额的一种记录"，根据这些"记录"我们模拟登记了"T"型账户。通过"T"型账户的演示，我们初步了解了"会计分录是我们登记账簿的依据"。实际上我们的会计账簿既不会像"T"型账户一样简单，也不会简单地直接根据会计分录去登记。就像我刚才说的一样，会计分录的编制、"T"型账户的登记，仅仅是我们进一步学习会计操作的必要热身。

你不妨再回顾一下第二步的"会计核算业务流程图"（图 2-1），我们据以记账的依据应当是审核无误的"记账凭证"。

下面，我们就一起来学习一下有关记账凭证的相关内容。

一、记账凭证的内容及填制方法

记账凭证，是会计人员根据审核无误的原始凭证（原始凭证汇总表）填制的，用来分类反映会计要素增减变动，作为记账依据的书面证明。

其实，说白了，记账凭证实际上就是用具有专门格式的凭证纸写出的会计分录，所以我们在前面说过"记账凭证的填制需要以会计分录作为内容"。

记账凭证的种类我们可以通过图 5-8 直观地了解一下。

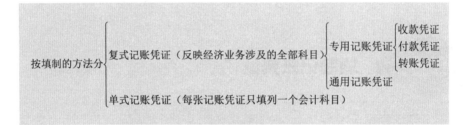

图 5-8　记账凭证的种类

图 5-8，仅仅作为一项了解内容，不要求掌握。因为随着经济业务的日益复杂，"通用记账凭证"以其更能直观、全面地反映经济业务的全貌，附件（所附原始凭证）集中，便于复核和查找差错，而越来越普遍地为各个单位使用。所以，**我们重点掌握"通用记账凭证"的填制和审核方法就可以了。**

在一些实行了会计电算化的单位，其记账凭证的分类则可以结合自己的单位情况以及软件设计情况，选择使用"通用记账凭证"、"收、付、转记账凭证"、"现、银、转记账凭证"。

那么什么是"通用记账凭证"呢？简单来说，就是不区分收款业务（现金、银行存款增加的业务）、付款业务（现金、银行存款减少的业务），还是转账业务（不涉及现金、银行存款增减的业务），可以直接将某一经济业务的全貌记录在一张记账凭证上。其一般格式如图 5-9 所示。

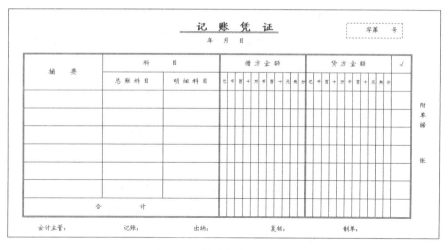

图 5-9　通用记账凭证示例

（一）通用记账凭证的填制方法

提示：阅读这部分内容时，请参考一下图 5-10 的记账凭证填制示例。

图 5-10　记账凭证填制示例 1

（参考图 3-16、图 3-17 差旅费报销业务）

1. 填制依据

记账凭证必须根据审核无误的原始凭证填制，既可能是一张原始凭证（如固定资产折旧计提表），也可能是多张反映同一业务的原始凭证（如材料的采购业务会涉及"发票"、"入库单"、"付款单"等），还可能是根据原始凭证汇总表（如前面我们编制的"发出材料汇总表"）。

2. 日期的填制

日期的填制方法可以概括为以下三种情况：

（1）填写制证当天日期。如报销差旅费，直接填写报销当天的日期即可（如图 5-10 所示）。

（2）填写业务发生的日期。大部分业务应当按业务发生的日期填制，尤其是收付款业务，必须按业务发生日期填制，因为现金、银行存款的账簿必须按业务发生顺序及时记录。

需要提醒注意的是，当某一经济业务涉及多张原始凭证，而各原始凭证的日期不同时，记账凭证的日期不得早于最晚取得的原始凭证日期，因为我们必须根据审核无误的原始凭证填制记账凭证，你不可能在最后一张原始凭证还没有取得之前就已经完成了记账凭证的填制。

（3）月末日期。如计提固定资产折旧、分配人工费用、结转产品成本、结转损益等期末转账的业务。

3. 编号的填写

应当是"分月"按自然数 1、2、3、4……顺序连续编号，为了防止重号或漏号，最好是在装订凭证时或月末一次填写完成。

因为我们采用的是通用记账凭证，所以可以写作"记字 × 号"或"总字 × 号"。

特殊情况的处理：

当有些经济业务的会计分录很大，需要用两张或以上的记账凭证才能反映出经济业务全貌时，应当把多张记账凭证视同一张记账凭证，编号时，采用分号表示。如第 98 笔经济业务需要使用 2 张记账凭证才能完成一个完整的会计分录，则这两张记账凭证就应当视同一张记账凭证，同时为了反映其先后顺序，其编号就应当是 98（1/2）、98（2/2）（如图 5-11 所示）；同样道理，假如第 104 笔业务需要使用 3 张记账凭证才能完成一笔完整的会计分录，则其编号就应当是 104（1/3）、104（2/3）、104（3/3）。

注意：当多张记账凭证完成一笔经济业务的时候（即需要使用分号时），原始凭证应当附在（粘贴在）最后一张记账凭证后面，即前例的98（2/2）或104（3/3）凭证后面。

4. 摘要的填写

摘要其实就是经济业务的要点，只要准确、简明地填写经济业务内容就可以了，没有统一的规定。

5. 会计科目的填写

要求按统一规定既要填写一级科目，也要填写明细科目（没有明细科目的除外），不得任意简化或变造科目。

填写顺序和我们前面编制会计分录一样，先借后贷，按行逐项填写，注意不得跳行。

6. 金额栏的填写

记账凭证的金额必须依据原始凭证填写，与原始凭证相符，就像我们前面编制会计分录时一样，金额与所反映的科目同行对齐，不需要写人民币符号"￥"，合计行则需要在金额前填写"￥"封死金额。如果合计行和所写分录之间存在空行，则需要用"S"形或"/"形线画销，防止被人添加内容。

注：建议你采用"/"划销，这样填出来的记账凭证会更美观。具体做法是，将空白的金额栏自左下角向右上角画一条斜线，方向记住别弄反了（如图5-10所示）。

7. 附件的填写

除了极少数的转账业务（最好也自制一份原始凭证）、错账更正业务外，绝大多数记账凭证应当附有原始凭证，即"附单据 × 张"或"附件 × 张"。附件张数的计算方法有两种：

一种是按自然数计算，即该经济业务有几张原始凭证就写几，大部分业务属于这种情况。

另一种是对原始凭证张数分级计算，即原始凭证汇总表作为记账凭证的附件计算，原始凭证则作为原始凭证汇总表的附件计算。

比如我们报销差旅费，需要填制"差旅费报销单"（图3-17），如果按第一种附件的计数方法，记账凭证的附件数量就应当是"伍"张（2张车票、1张住宿票、1张差旅费报销单、1张借款单）；如果按第二种计数方法，记账凭证的附件张数就应当是"贰"（一份差旅费报销单、一份借款单），2张车票和1张住宿票则作为"差旅费报销单"的"叁"张附件。

附件张数既可以用大写数字，也可以用阿拉伯数字。

特殊情况的处理：

一张或一套原始凭证需要编制几张记账凭证时，因为无法拆分，应当将原始凭证附在第一张主要的记账凭证后面，附件张数按所附全套原始凭证数量计算，但应当在附件处说明"本凭证附件包括××号记账凭证业务"，其他没有附原始凭证的记账凭证上，则应当在附件处，同样写明附件张数，并注明"原始凭证附在××号记账凭证后面"或"见××号记账凭证"。比如第23号记账凭证和第24号记账凭证用的是同一套原始凭证，且无法拆分，则需要将原始凭证附在第23号记账凭证后面，而在第24号记账凭证上注明"附件见第23号记账凭证"就可以了。现在有了复印机这一方便的办公设备，人们经常会在后一张记账凭证后面附上复印件，注明原件所在位置，这样，更便于经济业务的分析。

8.过账符号栏

画"√"的栏，在会计核算中，记账凭证中的"√"称为"过账符号"，应当在根据记账凭证登记了账簿后及时在账户对应的行次画上"√"，表示已经记账完成，以防止重记或漏记。

9.签章

根据需要由有关经办人员签章即可。注意一张可以据以记账的记账凭证至少要有制单和复核两个人的签章。从理论上讲，会计主管应当对所有的记账凭证进行审核签章，不过这一复核程序，在实务中通常流于形式，而且随着会计电算化的普及，会计软件中专门设置了"批审核"按钮（如图5-12所示），只需要一点击，就将已经填制完成的记账凭证自动全部审核通过了，但只是走了一个审核程序，并没有真正履行审核职责。所以，电算化给我们的会计工作带来便利的同时，也弱化了会计的内部控制功能。

记 账 凭 证
2014 年 12 月 31 日

记字第 98 (1/2) 号

摘要	科目		借方金额	贷方金额	√
	总账科目	明细科目	亿千百十万千百十元角分	亿千百十万千百十元角分	
分配材料费	生产成本	甲1产品	1 9 2 0 0 0 0 0		
	生产成本	甲2产品	1 0 0 0 0 0 0		
	生产成本	乙1产品	1 3 0 0 0 0 0		
	生产成本	乙2产品	9 0 0 0 0 0		
	制造费用	一车间	4 0 0 0 0 0		
	制造费用	二车间	9 6 0 0 0 0		
合 计					

会计主管：李兰　记账：　出纳：　复核：张昊　制单：刘军

附单据13张

图 5-11-1　记账凭证填制示例 2-1

记 账 凭 证
2014 年 12 月 31 日

记字第 98 (2/2) 号

摘要	科目		借方金额	贷方金额	√
	总账科目	明细科目	亿千百十万千百十元角分	亿千百十万千百十元角分	
分配材料费	管理费用	材料费	7 2 0 0 0		
	原材料	A材料		2 6 0 0 0 0 0	
		B材料		1 1 2 0 0 0 0	
		C材料		1 4 3 2 0 0 0	
		D材料		1 4 0 0 0 0 0	
合 计			￥6 5 5 2 0 0 0	￥6 5 5 2 0 0 0	

会计主管：李兰　记账：　出纳：　复核：张昊　制单：刘军

附单据13张

图 5-11-2　记账凭证填制示例 2-2

（参考表 3-2"发出材料汇总表的编制业务"）

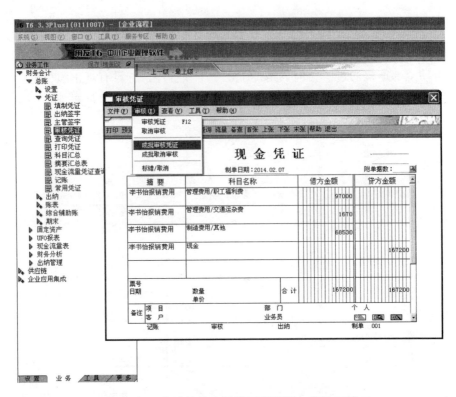

图 5-12 会计软件中记账凭证填制与审核示例

怎么样, 如果你学会了编制会计分录, 是不是填制记账凭证很简单?

(二) 填错记账凭证的处理

如果发现记账凭证填错了, 还没有据以记账的话, 一般直接作废重做一张就可以了。如果已经据以记账了, 就应当按照后面将学到的"错账更正方法"进行更正了。

二、记账凭证的附件粘贴

为了便于翻阅记账凭证的附件 (即原始凭证) 内容, 近年来比较流

行的凭证装订方法是只封住记账凭证的左上角部分（如图 5-13 所示），
不过也有一些单位采用的是传统的订本模式（如图 5-14 所示），后者的
优点是更整齐、美观，也更便于附件的粘贴。

无论采用哪一种装订方式，为了便于查阅有关原始凭证，并保证记
账凭证装订后的美观，以及对原始凭证的保护，建议你采用如下方法粘
贴附件：

1. 错开记账凭证的装订线，防止原始凭证的内容被装订起来，不便
于查阅。

2. 如果原始凭证数量较多，使用附件粘贴纸（如图 3-18 所示），如
果没有专门的附件粘贴纸，则可以用和记账凭证大小一致的白纸代替，
将原始凭证按照"上小下大"、"先上后下"、"先右后左"的原则平铺
粘贴（如图 5-15 所示），这样装订出来的凭证会看上去比较整齐，并便
于查阅。

3. 对于面积大于记账凭证的原始凭证可以依据记账凭证的大小予以
折叠。

145

注意：

（1）应向正内方向折叠，即让有字的一面在内，防止字迹被磨损；

（2）折叠后的原始凭证应当略小于记账凭证，既美观整齐，也使记
账凭证能够对原始凭证起到保护作用。

4. 用胶水粘贴原始凭证后，如果自然风干会出现褶皱，既不美观，
也不便于装订，所以你可以将已经完成记账的凭证用书或镇纸之类的平
整重物压住，待其自然干燥，会非常平整。

5. 粘贴好的凭证最好轻轻抖一下，看是否结实，防止原始凭证因粘
贴不牢而掉落。原始凭证丢失可能会在审计时给你带来不必要的麻烦。

装订部位

记 账 凭 证

图 5-13 新式记账凭证装订部位示意图

图 5-14 传统装订模式装订好的记账凭证图示

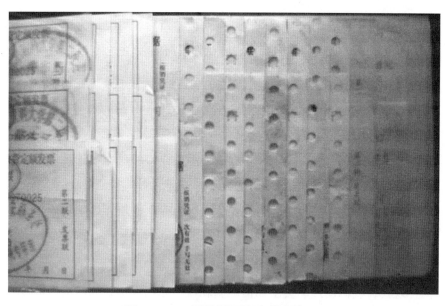

图 5-15-1　原始凭证粘贴方法图示 1

图 5-15-2　原始凭证粘贴方法图示 2

三、记账凭证的审核

如果学会了记账凭证的填制，记账凭证的审核就非常简单了。你只需要关注以下几点就可以了：

1. 记账凭证是否附有原始凭证，记账凭证反映的经济业务内容（会计分录）是否与所附的原始凭证相符，金额是否相等，摘要是否明确。

2. 经济业务是否合法，手续是否齐全。

3. 项目是否齐全（尤其要注意签章的完整性和合法性）。

如果以上内容均符合要求，复核人员签章后就可以作为进一步登记账簿的依据了。如果是采用会计软件，你只需要轻轻一点"记账"按钮，就 OK 了。不过，你最好还是继续和我一起一步步继续完成后面的任务，因为，我一再强调，你如果不懂得手工记账的基本原理，你就无法打开会计软件后面的黑匣子，你就无法成为一个真正合格的会计人员。

任务三 编制会计科目汇总表

现在，我们已经学会了如何填制和审核原始凭证，如何根据审核无误的原始凭证填制记账凭证。你还记得在"第二步"中，我们在学习会计核算流程的时候，说过这样一段话吗？——"'记账凭证会计处理程序'是最基本的会计处理程序，'科目汇总表会计处理程序'则是最常用的会计处理程序"。

科目汇总表会计处理程序之所以成为目前最常用的会计处理程序，一是因为总账是根据科目汇总表登记，在手工记账的环境下相对"记账凭证会计处理程序"，它可以大大减轻登记总账的工作量；二是科目汇总表能够对所编制的记账凭证进行试算平衡，以便及时发现差错，更好地保证会计资料的质量。虽然电算化的普及，记账工作由计算机完成，但我们仍然需要通过总账概括了解企业的经济业务发生情况，懂得科目汇总表的编制原理。

所以无论是手工记账，还是计算机记账，我们都需要掌握另外一种很重要的凭证——"科目汇总表"——的编制方法。

一、科目汇总表的编制方法

简单来说，科目汇总表就是将一段时期所编制的记账凭证按照会计科目名称汇总计算出"借"、"贷"方发生总额，进行试算平衡后，据以登记总账的一览表。

（一）科目汇总表的编制方法

科目汇总表的编制方法可以概括为以下几步：

1. 确定汇总期。汇总期应根据单位的经济业务量多少来确定，大多以一旬（即 1 ~ 10 日、11 ~ 20 日、21 ~月末）或一个月为一个汇总期，业务量多的单位可以 5 日甚至 1 日汇总一次。

2. 将汇总期内记账凭证上所涉及的会计科目按照总账上的科目先后顺序填列在"科目汇总表"上（建议你根据单位的情况，将常用的科目全部排好序作为底稿，不用的科目空出不填，最后再根据实际需要在正稿中删减就可以了，这样可以有效避免因漏填科目带来的不便）。

3. 汇总填写本期发生额。一般是根据汇总期内所有记账凭证，采用"两次归类汇总法"进行汇总填写，即：

第一次先将全部记账凭证按每一借方科目汇总，填入科目汇总表中有关科目的"本期发生额"的借方；

第二次再将全部记账凭证按每一贷方科目汇总，填入科目汇总表中有关科目的"本期发生额"的贷方。

4. 试算平衡。我们前面学过了"有借必有贷，借贷必相等"的记账规则，科目汇总表既然是将一段时期的记账凭证上涉及的所有会计科目的借贷金额进行的汇总，那么如果将所有会计科目的借贷方发生额分别加计起来，其借方合计数就应当与贷方合计数相等，如果相等，就说明试算平衡了，表明科目汇总表编制无误，而且其所依据的记账凭证也基本正确。否则，就应当查找差错的原因。

注意，因为"科目汇总表"是据以登记总账用的，所以应当按总账科目汇总，不用考虑明细科目是否相同。

（二）科目汇总表的编制示例

假设博飞公司的开户行在工商银行，2014 年 4 月 1 日至 4 月 10 日共发生了如下 15 笔经济业务（仅为举例说明，实际工作中，经济业务量会更多一些），其记账凭证简化如下（如图 5-16 所示）：

2014 年 月	2014 年 日	摘要	科目 总账科目	科目 明细科目	借方金额	贷方金额	√
4	1	提取现金备用	库存现金		3 000.00		√
			银行存款	工商银行		3 000.00	√
4	1	李明预借差旅费	其他应收款	李明	2 000.00		
			库存现金			2 000.00	
4	2	从 W 公司购买甲材料	在途物资	甲材料（W 公司）	200 000.00		
			应交税费	增值税（进项税额）	34 000.00		
			银行存款			234 000.00	√
4	3	向 E 公司销售 A 产品	应收账款	E 公司	585 000.00		
			主营业务收入	A 产品		500 000.00	
			应交税费	增值税（销项税额）		85 000.00	
4	4	李明报销差旅费	管理费用	差旅费	1 860.00		
			库存现金		140.00		
			其他应收款	李明		2 000.00	
4	5	甲材料验收入库	原材料	甲材料	200 000.00		
			在途物资	甲材料（W 公司）		200 000.00	
4	6	购入小汽车一辆	固定资产	汽车	150 000.00		
			应付账款	D 公司		150 000.00	

| 2014 年 | | 摘要 | 科目 | | 借方金额 | 贷方金额 | √ |
月	日		总账科目	明细科目			
4	6	收到 E 公司货款	银行存款	工商银行	585 000.00		√
			应收账款	E 公司		585 000.00	
4	7	从 Q 公司购入乙材料	在途物资	乙材料（Q 公司）	80 000.00		
			应交税费	增值税（进项税额）	13 600.00		
			应付账款	Q 公司		93 600.00	
4	7	发放职工工资	应付职工薪酬	工资	213 000.00		
			银行存款	工商银行		213 000.00	√
4	8	购买办公用品	制造费用	一车间	600.00		
			制造费用	二车间	800.00		
			生产成本	模具车间	200.00		
			管理费用	办公费	1 500.00		
			销售费用	办公费	1 200.00		√
			银行存款	工商银行		4 300.00	√
4	8	向 S 公司销售 B 产品	银行存款	工商银行	234 000.00		√
			主营业务收入	B 产品		200 000.00	
			应交税费	增值税（销项税额）		34 000.00	
4	9	预付下季度房租	预付账款	房租	6 000.00		
			银行存款	工商银行		6 000.00	√
4	9	支付上月水费	应付账款	市自来水公司	12 000.00		
			银行存款	工商银行		12 000.00	√

151

2014 年		摘要	科目		借方金额	贷方金额	√
月	日		总账科目	明细科目			
4	10	支付本月路边广告费	销售费用	广告费	3 000.00		√
			银行存款	工商银行		3 000.00	√

图 5-16　简化记账凭证图示

现在，我们就根据这"15 张记账凭证"编制科目汇总表如下（如表 5-9 所示）。

表 5-9

科目汇总表

第 1 号至 15 号记账凭证　自 2014 年 4 月 1 日至 2014 年 4 月 10 日　　第 4-1 号凭证

总账页数	借方		会计科目	贷方	
	张数	金额		张数	金额
	2	3 140	库存现金	1	2 000
	2	819 000	银行存款	7	475 300
	1	585 000	应收账款	1	585 000
	1	6 000	预付账款		–
	1	2 000	其他应收款	1	2 000
	2	280 000	在途物资	1	200 000
	1	200 000	原材料		–
	1	150 000	固定资产		–
	1	12 000	应付账款	2	243 600
	1	213 000	应付职工薪酬		–
	2	47 600	应交税费	2	119 000
	1	200	生产成本		
	1	1400	制造费用		
		–	主营业务收入	2	700 000
	2	4 200	销售费用		–
	2	3 360	管理费用		–
		¥2 326 900	合计		¥2 326 900

财务主管：李兰　　　记账：张昊　　　复核：丁新　　　制单：张昊

如：

"银行存款"的借方金额 =585 000+234 000=819 000（元）；

贷方金额 =3 000+234 000+213 000+4 300+6 000+12 000+3 000

=475 300（元）。

"销售费用"的借方金额 =1 200+3 000=4 200 元。

同理其他。

同时，你注意到没有，借方和贷方的合计金额都是"2 326 900 元"，二者相等，说明试算是平衡的。

二、科目汇总表会计处理程序的记账特点

编制科目汇总表的原因是为了应用于"科目汇总表会计处理程序"，因为科目汇总表会计处理程序的特点就是日记账、明细账根据记账凭证登记，但总账是根据"科目汇总表"登记的。你可以通过下面的流程图直观地加以了解（如图 5–17 所示）。

153

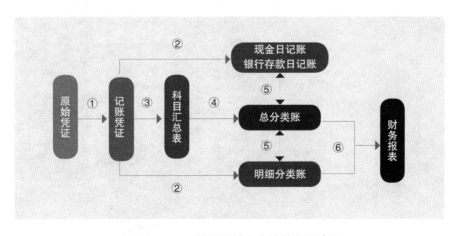

图 5–17　科目汇总表会计处理程序图

说明：

①根据审核无误的原始凭证填制记账凭证；

②根据审核无误的记账凭证登记日记账和明细账；

③根据一定时期的记账凭证编制科目汇总表；

④根据试算平衡后的科目汇总表登记总账；

⑤定期将日记账、明细账的发生额及余额与总账进行核对；

⑥期末，根据核对无误的总账及明细账的记录编制财务报表。

掌握科目汇总表会计处理程序的关键点是：

1. 现金、银行存款日记账和明细账直接根据记账凭证记账，而总账要根据科目汇总表登记。

2. 科目汇总表要进行试算平衡。

第1步

第10步

第2步

第9步

第3步

6

第8步

第4步

第7步

第5步

第6步

学会设置和登记账簿

真账　实操：
企业会计轻松做

我们知道会计处理的基本流程是"取得原始凭证→填制记账凭证→登记账簿→编制报表"。现在我们学会了如何根据经济业务的内容填制记账凭证，并且知道了最常用的科目汇总表的编制原理。现在，我们该学习怎样设账和记账了。

任务一　了解账簿

简单来说，账簿和我们记载自己生活的日记本差不多，只不过它所记载的是单位的经济业务，它有专门的格式规定和登记规则，并具有不同的功能。

下面，我们一起来了解一下账簿的种类、格式和记账规则。

一、账簿按用途所做的分类

（一）日记账

日记账，就是需要按照经济业务发生的时间顺序，逐日逐笔登记的账簿。如现金日记账、银行存款日记账（如图 6-6-1~3 和图 6-9 所示）。

（二）分类账

从字面上就可以看出来，它是反映各类经济业务增减变化的账簿。分类账按所反映的经济内容的详细程度不同，分为：

> 总分类账（总账）：按一级科目设置，总括反映该大类经济业务，采用的是三栏、订本账；
> 明细分类账（明细账）：按明细科目设置，具体反映某细类经济业务，多种格式、活页账；
> 二级分类账（二级账）：介于总账与明细账之间，反映某类经济业务，三栏、活页账。

总账、二级账、明细账之间的关系，你可以通过图6-5-1~2有一个直观的认识。

（三）备查簿

也就是将无法在日记账或分类账中记载的，或记载不全的经济业务进行补充登记的辅助性账簿，以便为某类经济业务的内容提供必要的参考资料，是日记账、明细账的补充，单位可以根据需要设置，如"租入固定资产登记簿"、"委托加工材料登记簿"、"经济合同登记簿"、"应收票据备查簿"、"应付票据备查簿"等（如图6-1和图6-2所示）。备查簿没有固定格式，应根据内容灵活设计。

固定资产登记簿

使用保管单位：一分厂

2014年 月	日	凭证号	摘要	房屋建筑物	机器设备	运输工具	其他	合计
12	1		期初余额	6 000 000	1 200 000	260 000	60 000	7 520 000
12	6		购入汽车			150 000		150 000
12	13		购入车床		650 000			650 000
12	28		报废车床		（300 000）			（300 000）
12	31		本月合计	6 000 000	1 550 000	410 000	60 000	8 020 000

图6-1 备查簿图示1

应收票据备查簿

种类	编号	付款人	合同号	签发日期	到期日期	票面金额	收款日期	收回金额	贴现日期	贴现金额	结清注销
银行承兑	2054	石药	344	2014.01.20	2014.07.20	50 000					
商业承兑	2055	华药	352	2014.02.05	2014.03.05	60 000	2014.03.05	60 000			√

图6-2 备查簿图示2

二、账簿按形式所做的分类

这种分类方式主要是针对手工记账环境，数字平台是不需要的。

（一）订本式账簿

简称订本账，就是在启用之前就已经装订成册，并已经按顺序编好了页码的账簿。

现金日记账、银行存款日记账、总账都应当使用订本账，目的是避免账页散失、抽换，以便保证账簿记录的严肃性。

（二）活页式账簿

就像我们平时使用的活页记事本一样，是由一些散装的账页组成，可以随时根据需要增减账页，等一段时期的经济业务记录完毕后，抽掉多余账页，再将账簿加具封面，装订成册。

这种账簿的优点是可以随意增减账页，缺点是账页内容容易散失和被抽换。

大部分明细账和二级分类账都是采用活页式账簿。

（三）卡片式账簿

简称卡片账，是用硬质纸张制成的，印有专门格式的散装账卡，一般放在专门的卡片箱内。

优点和活页账一样是便于添加，缺点同样是容易散失和被抽换。

一般使用期相对较长的固定资产、低值易耗品等实物的明细账适用卡片账（如图 6-3-1~2 所示）。

固定资产卡片（正面）

类别：										
名称：								编号：		

产地：	原始价值：
制造商：	其中：安装费
制造号码：	预计使用年限：
验收日期：	月折旧率：
交接凭证号：	备注：
技术规格：	
开始使用日期：	

大修理记录				内部转移记录				停用记录		
日期	凭证	摘要	金额	日期	凭证	使用部门	存放地点	停用日期	停用原因	动用日期

图 6-3-1　　固定资产卡片图示（正面）

159

固定资产卡片（背面）

附属设备	品名	规格	数量	单价	原 值 变 动 记 录				
					日期	凭证	增加金额	减少金额	变动后金额
备用部件	品名	规格	数量	单价					

转 出 记 录	报 废 情 况 记 录	
转出日期：	清理日期：	
凭证号码：	凭证号码：	
转入单位：	报废原因：	
原始价值：	原始价值：	
已提折旧：	已提折旧：	
备注：	变价收入：	
	清理费用：	
	备注：	
设卡日期：	注销日期：	登记人：

图 6-3-2　　固定资产卡片图示（背面）

三、账簿按格式所做的分类

（一）三栏式账簿

这类账簿的基本格式是在账页中设置"借方"、"贷方"、"余额"三个专栏，就是人们平常所说的"借、贷、余"三栏。这类账簿适合于只需要核算金额的账户，如"库存现金日记账"、"银行存款日记账"，"应收账款"、"应付账款"、"短期借款"等只需要核算金额的明细账，以及用来总括反映单位资金运动情况的总账（如图6-6-1~3、图6-9、图6-12和图6-20所示）。

（二）数量金额式账簿

这类账簿的基本格式也是分为"借方"、"贷方"、"余额"（有的写的是"收入"、"发出"、"结存"／"收、发、存"）三栏，只是在各栏中再细分"数量"、"单价"、"金额"三栏，对于既需要反映价值指标，又需要反映数量、单价情况的实物资产的明细账，应当使用这类账簿（如图6-13所示）。

（三）多栏式账簿

是根据经济业务的特点和管理的要求，在账页内将所需要了解的明细项目分设专栏，采用"棋盘式"登记方式，详细核算某一账户的各具体构成项目的发生额情况的账簿。可以分为"借方发生额多栏式"、【如"生产成本明细账"（如图6-14所示）、"制造费用明细账"、"管理费用明细账"（如图6-15所示）等；"贷方发生额多栏式"，如"主营业务收入明细账"、"其他业务收入明细账"等】和"借贷方发生额均为多栏式"【如"应交增值税明细账"（如图6-16所示）】。

（四）平行式账簿

又称横线登记式账簿，这种账簿一般是在账页上分为"借方"、"贷方"两个基本栏次，各个栏次中均包括"日期"、"凭证号"、"摘要"、"金额"等基本内容，其"增加方"一般按业务发生的先后顺序逐笔登记，而"减少方"则应当遵照与增加方业务同行登记的原则进行登记，通常会打乱时间顺序，主要为了更直观地了解业务的进展情况，如果"借"、"贷"方业务能够对应起来，则表示业务已经完成，最典型的平行式账簿就是"在途物资"明细账（如图 6-17 所示）。

对账簿的分类以及它们各自的特点我们已经有了大致的了解，你可以通过图 6-4 自己再整理一下思路。如果不是很清楚也没关系，等进一步学习了后面的账簿设置与登记方法你就会有非常直观、清楚的认识了。

现在，就先按照图 6-4 来做个自我阶段整理吧。

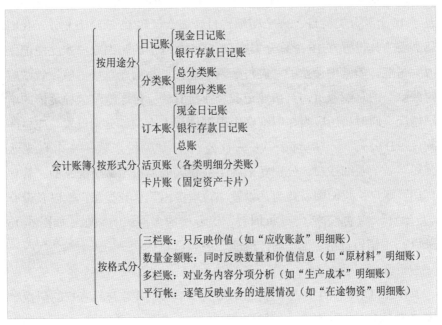

图 6-4　会计账簿分类图示

一、账簿设置与平行登记

就像我们在认识会计科目时所说的，并不是所有的会计科目你都需要掌握，你只需要熟悉所在单位常用的会计科目就可以了。账簿是以会计科目为名称的簿记，当然要设置哪些账簿，也应当根据企业的实际情况而定，掌握这样一个简单原则就是了——**只要会计分录中会用到的科目，就应当平行地为其设置总账和明细账**。如前面的图 5-16 中我们涉及了 16 个总分类科目，24 个明细科目，那么仅此 15 笔经济业务，我们就需要为其设置好 16 个总分类账户和 24 个以上的明细账户才能使记账成为可能。如其中涉及的"应付账款"业务，我们在总账中应设置"应付账款"的总账账页，总括地记载企业所有"应付账款"这种负债的增减情况；同时，还应当在明细账中根据债权人不同，分别设置"应付账款——D 公司"、"应付账款——Q 公司"、"应付账款——市自来水公司"三个明细账户，分别登记各个债权人的债权增减情况；而"管理费用"账户，我们则需要为其设置"管理费用"总分类账户，以及设有"差旅费"、"办公费"、"折旧费"等专栏的多栏式明细账（如图 6-15 所示）；"销售费用"也是同样道理……

再举个例子：

E 公司是一家生产型企业，主要生产车床，其原材料账户的层次结构如图 6-5-1~2 所示。

E公司材料分类表

材料类别	编号	名称	单位
原材料及主要材料	101	生铁	吨
	102	铝锭	吨
辅助材料	201	润滑油	千克
	202	油漆	千克
外购件	301	电动机	台
	302	轴承	套
	303	电器元件	套
	304	标准件	套
燃料	401	煤炭	吨
	402	焦炭	吨
	403	柴油	千克

图 6-5-1　账户层次示意图1

E公司账户层次示意图

总分类账户	二级分类账户	明细账户
原材料	原材料及主要材料	生铁
		铝锭
	辅助材料	润滑油
		油漆
	外购件	电动机
		轴承
		电器元件
		标准件
	燃料	煤炭
		焦炭
		柴油

图 6-5-2　账户层次示意图2

163

　　从这个结构图示中我们可以清楚地看到，要对企业的"原材料"增减情况进行核算，就必须设一个"原材料"总账，四个二级分类账，十一个明细账。同时，我们还可以认识到，总分类账户、二级分类账户、明细账户之间的关系是控制与被控制，统御与被统御的关系。作为总分类账户的"原材料"反映的是 E 公司全部原材料的情况；而二级账户的"原材料——原材料及主要材料"则只反映包括"生铁"和"铝锭"在内的两大类的原材料增减情况；明细账户"原材料——原材料及主要材料——生铁"则仅仅反映"生铁"这一具体材料的增减业务。即**"原材料总账"的余额应当是所有原材料的余额之和，"原材料总账"的发生额应当是所有原材料的发生额之和；"原材料及主要材料二级账"的余额应当是"生铁"和"铝锭"的余额之和，"原材料及主要材料二级账"的发生额应当是"生铁"和"铝锭"的发生额之和。**在这样的层层细化中，也起到了层层控制的作用。同时，也方便了我们分层次地了解到公司的材料构成情况。

在教学中，经常会有学生问到是不是设置了总分类账就不需要设置明细账了？错。总账和明细账都是必须都要设的，二级账是否设置则根据情况而定，而且随着会计电算化的应用，在这种大数据时代，账簿的分级变得更加细致。

那么如果一笔经济业务已经在明细账中登记了，还要不要再在总账中登记呢？当然要。记住，所有经济业务最终都要同时完整地反映在各个层次的账户中，即我们所说的**"平行登记"**。所不同的是明细账一般是根据记账凭证登记（个别的按照原始凭证登记）；二级账可能根据记账凭证或原始凭证汇总表登记；总账通常是根据科目汇总表登记。虽然记账依据有所差别，但所有经济业务最终都要平行反映在各个层次的账簿中，这样既便于满足管理中对各层次信息了解的要求，更重要的是，各个层次的账簿记录能够起到互相牵制的作用。

记住了吗，一定要**"按需设账、平行登记"**。

了解了账簿的类型，知道了"按需设账，平行登记"的设账与记账要点，那么到底怎么记账呢？

二、登记账簿的规范要求

1.日记账和明细账一般应根据审核无误的记账凭证以及所附的原始凭证，按照业务发生的先后顺序逐笔详细登记"日期"、"凭证号"、"摘要"、"金额"等内容，同时记账人员应当在记账凭证上签章，已经登记入账的业务，应当在过账栏画上"√"，表明已经登账，防止重记或漏记。

2.账簿要按顺序连续登记，不得跳行、跳页。如果不小心发生了跳行、隔页，应当用单红线自左下角向右上角画线注销（类似记账凭证的空行注销），并注明"此行空白"或"此页空白"，防止被添加记录，并由记账人员在空白处签章，以明确责任。

3.手工登记账簿时，应当用碳素墨水书写。特殊情况下需要用红色墨水书写（注：在会计核算中，红字表示负数，我们常说的"财政赤字"就是说国家的财政资金不够用了，成了负数）。

需要用红色墨水书写金额的情况有：

（1）冲销错误记录。负数与原来的正数相抵，就还原为"零"了。

（2）在不设减少金额栏的多栏账中，登记减少数。如借方的红字金额实际上就是贷方的发生额（如图6-1"固定资产登记簿"）。

（3）在没有印明余额方向的账簿中，余额为负数时（一般账户都会有余额方向，即"借或贷"）。

（4）其他。

4.书写规范、整洁。文字一般用楷体或行楷，数字不得连写，沿底线占1/2行距，最多不得超过2/3行距，以便于更正错账，金额必须书写完整，没有角分的，应在角分位写"0"，不得省略，也不能用"-"代替，没有"角分线"的账簿，则应在"元"位后加注小数点。

5.现金、银行存款日记账要每天结出余额（其他实物类账簿应逐笔结出结存数量），在"借或贷"栏内写明余额方向（即是借方余额还是贷方余额）。如果没有余额，则应当在"借或贷"栏写"平"，并在"元"位上用画线或"θ"表示，目的是防止被添加数字（如图6-12所示）。

6.每页账页记满并需要继续登记时，应在最末一行的摘要栏写明"过次页"或"转下页"，并将本期的发生额合计数记在最末一行，余额复核无误后计入余额栏，在下一页的第一行摘要栏写明"承前页"或"接上页"，同时将上页"过次页"中的借贷方发生额及余额数字抄入本行，以保证记录的连续性，也可以起到随时验算，减少期末工作量的作用。

对于不同的账户，"过次页"的发生额加总也各不相同，具体做法如下：

（1）对于需要结计"本月发生额"的账户，结计的"过次页"的本页发生额合计数应当是自本月初起，至本页末止的合计数。这样，根据"过次页"的合计数就可以随时了解本月初至本页末止的发生额情况了，也便于月末结账时加计"本月发生额合计数"（如图6-6-1~3所示）。

（2）对于需要结计"本年累计发生额"的账户，结计的"过次页"的本页发生额合计数应当是自本年初起，至本页末止的合计数。这样，根据"过次页"的合计数就可以随时了解本年年初至本页末止的累计发生额情况了，也便于年终结账时加计"本年发生额的累计数"。

（3）对不需要结计本月或本年发生额合计的账户，则可以只将每页末的余额结转次页。

由于"过次页"和"承前页"的内容完全相同，所以，为了简化核算，也可以只写"承前页"，不写"过次页"，但人们大多习惯了都写的方式（如图6-6-1~3所示）。

7.实行了会计电算化的单位，记账工作是由计算机直接根据设定的程序自动完成的，但要注意总账和明细账应定期打印，如果发生了收付款业务，则最好在业务发生当天打印出现金日记账和银行存款日记账，并与库存现金核对无误。

三、账簿设置、登记、管理示例

（一）日记账的设置、登记、管理

1.库存现金日记账的设置、登记及现金清查

（1）现金日记账的设置

现金日记账一般采用的是三栏式订本账，采用订本账的原因是为了防止抽换账页，保证库存现金的安全性，其基本格式如图 6-6-1~3 所示。

现 金 日 记 账　　　1

2014年		记账凭证		对应科目	摘　要	借　方	贷　方	核对号	借或贷	余　额
月	日	字	号							
1	1				期初余额				借	2 100.00
1	2	记	×	管理费用	李明报销差旅费		230.00		借	1 640.00
1	2	记	×	银行存款	提取现金	2 000.00			借	3 640.00
1	2	记	×	管理费用等	报销办公用品费		1 300.00		借	2 340.00
1	2	记	×	在途物资	支付装卸费		380.00		借	1 960.00
1	2		×		小计	2 000.00	2 140.00		借	1 960.00
1	3	记	×	银行存款	提取现金	4 000.00			借	5 960.00
1	3	记	×	其他应收款	王升预借差旅费		2 000.00		借	3 960.00
1	3	记	×	其他应收款	收回王蒙多余借款	230.00			借	4 190.00
1	3	记	×	应付职工薪酬	发放困难补助		3 200.00		借	990.00
1	3		×		小计	4 230.00	5 200.00		借	990.00
1	6	记	×	银行存款	提取现金	3 000.00			借	3 990.00
1	6	记	×	管理费用	报销汽油费		560.00		借	3 430.00
1	6				过次页	9 230.00	7 900.00		借	3 430.00

图 6-6-1　现金日记账图示 1

现金日记账　　　　　　　　　　2

2014年		记账凭证		对应科目	摘　要	借　方	贷　方	核对号	借或贷	余　额
月	日	字	号							
1	6				承前页	9 230.00	7 900.00		借	3 430.00
1	6	记	×	应付职工薪酬	支付慰问金		2 410.00		借	1 020.00
1	6	记	×	其他应付款	收取包装物押金	500.00			借	1 520.00
1	6	记	×	管理费用	报销招待费		780.00		借	740.00
1	6	记	×	银行存款	押金交存银行		500.00		借	240.00
1	6		×		小计	3 500.00	4 250.00		借	240.00
1	7	记	×	银行存款	提取现金	2 000.00			借	2 240.00
1	7	记	×	其他应收款	王升报销差旅费		530.00		借	1 710.00
1	7	记	×	周转材料	购入修理工具		980.00		借	730.00
1	7	记	×	其他业务收入	销售A材料	300.00			借	1 030.00
1	7	记	×	银行存款	交存销货款		300.00		借	730.00
1	7				小计	2 300.00	1 810.00		借	730.00
1	8	记	×	银行存款	提取现金	3 000.00			借	3 730.00
1	8				过次页	15 030.00	13 400.00		借	3 730.00

图 6-6-2　现金日记账图示 2

现金日记账　　　　　　　　　　16

2014年		记账凭证		对应科目	摘　要	借　方	贷　方	核对号	借或贷	余　额
月	日	字	号							
1	27				承前页	87 650.00	87 230.00		借	2 520.00
1	27	记	×	应付职工薪酬	张欢报销培训费		900.00		借	1 620.00
1	27	记	×	其他应付款	归还包装物押金		500.00		借	1 120.00
1	27				小计	2 200.00	1 980.00		借	1 120.00
1	28	记	×	管理费用	报销招待费		780.00		借	340.00
1	28	记	×	银行存款	提取现金	2 000.00			借	2 340.00
1	28	记	×	管理费用	支付修理费		890.00		借	1 450.00
1	28				小计	2 000.00	1 670.00		借	1 450.00
1	31				本月合计	89 650.00	90 300.00		借	1 450.00

图 6-6-3　现金日记账图示 3

（2）现金日记账的登记

①"期初余额"直接根据上月的期末余额填写，注意直接填在"余额栏"，很多学生会错填在"借方栏"，记住"借方栏"和"贷方栏"是记录发生额的。

②必须根据记账凭证逐日逐笔登记，"库存现金"科目对应的是"借方金额"就记在"借方"的金额栏；"库存现金"科目对应的是"贷方金额"就记在"贷方"的金额栏"（如图6-6-1~3所示）。每日必须结出余额，并与实际库存现金核对相符，这样可以及时发现收付中出现的差错，便于查找。

③"对应科目"，就是在会计分录中和"库存现金"记账方向相反的科目，如在李明预借差旅费这笔经济业务中，其分录为：

借：其他应收款——李明　　　3 000

　　贷：库存现金　　　　　　　　　3 000

则在该笔业务中，"库存现金"的对应科目就是"其他应收款"。

如果一笔经济业务涉及几个对应科目，一般不必全部写上，只写明其中之一就可以了。如用现金购买了一些办公用品，其分录是：

借：管理费用——办公费　　　500

　　制造费用——办公费　　　200

　　销售费用——办公费　　　300

　　贷：库存现金　　　　　　　　1 000

则在该笔经济业务中，"对应科目"一栏只简单写一个"管理费用等"就可以了，分项都写的话，则需要把库存现金的发生额拆成3笔，反而不利于了解库存现金的支出情况。

④"小计"为当日发生额的合计（如图6-6-1~3所示），业务量较小的单位可以不计小计或为了随时验算而5日、10日小计一次（则"小计"金额就是5天或10天的发生额合计）；小计后，在下面划一通栏的单红线。注意，如果"小计"把所有业务都累计起来就错了。

"本月合计"是将本月的发生额合计起来，因为本例中"承前页"中已经算出了以前页次的本月累计发生额，所以，用"承前页"中的发生额直接加上本页的发生额就可以了。在本例中，即：

借方的本月合计 =87 650+2 000=89 650（元）

贷方的本月合计 =87 230+900+500+1 670=90 300（元）

"承前页"的计算方法请回顾一下前面学过的"登记账簿的规范要求第6"。

⑤随时验算。

请牢记如下平衡公式：

期初余额 + 本期增加额 − 本期减少额 = 期末余额

如在图6-6-1~3所示日记账中1月2日小计后可以如下验算（其他小计同理）：

2 100+2 000−2 140=1 960（元）

过次页时验算如下：

2 100+9 230−7 900=3 430（元）

2 100+15 030−13 400=3 730（元）

本月合计时验算如下：

2 100+89 650−90 300=1 450（元）

这样随时验算是不是可以帮助你提高记账的正确性？

⑥"核对号"是在对账时画的，表示已经与凭证或其他账簿核对无误，一般用铅笔画，不必擦掉。

⑦一般情况下，不得"坐支"现金（坐支：就是直接把现金收入用作现金支出），使用现金必须从银行提取，收入现金必须交存银行，主要是为了加强银行对企业资金的监管。对于因地处偏远等原因，确实需要坐支现金的，应报开户银行批准，并定期汇报坐支情况。

⑧超过库存现金限额的现金应在银行结束营业前送存银行，以保证现金的安全。库存现金的限额由开户银行根据企业的业务情况核定。

（3）现金清查

清查方法：企业的库存现金应当定期或不定期采用实地盘点法进行清查。

清查时应注意以下几点：

①出纳员应当在每天下班前将涉及现金收付的业务均登记入账后，结出余额，与保险柜中实际现金额进行核对。

②若是突击进行的不定期清查则应当选择在上班前或下班后（这样该入账的业务均应当已经入账了），在出纳人员和清查人员都在场的情况下，在清查人员的监督下由出纳员清点现金（这一点一定要注意，不能由其他人员清点，万一那人有刘谦的"手艺"，趁着清点现金的机会顺了现金，出纳员就没法干了）。

③清点完毕后，应将盘点结果填入"现金盘点报告表"（如图 6-7 所示），将账面金额和盘点金额进行核对，如有不符，应及时查明盈亏的原因，并报管理层批准处理。

171

现金盘点报告表

单位名称：博飞机械厂　　　　　　　2014 年 3 月 5 日

实存金额	账存金额	对比结果		备注
		盘盈	盘亏	
1 662.00	1 862.00		200.00	白条 200 元

盘点人（签章）：王力　　　　　　　　出纳员（签章）：丁新

图 6-7　现金盘点报告表图示

博飞机械有限责任公司借款单

2014 年 1 月 7 日

部门	借款人姓名	借款事由	款项用途
财务处	李明	参加会议	差旅费
借款金额	人民币壹万元整		¥10,000.00
备注：			
主管领导：　　　　会计主管：　　　　出纳：丁新　　借款人：李明			
签字手续不全			

图 6-8　不符合规定的借款单图示

知道什么是白条吗？白条在会计中指的是不符合规定的凭证。看到图 6-8 的借款单了吗？虽然填写了借款的事由、金额等，但因为缺少必需的"主管领导"和"会计主管"的签字，说明手续是有问题的，那也算是白条的。在审计过程中，也经常发现有的单位可能从农贸市场买了东西，然后由商贩用白纸打了一个收条，这也属于白条。

白条抵库，是单位库存现金管理工作中的一种典型违规行为，指的是以个人或单位名义开具的不符合财务制度和会计凭证手续的字条与单据，抵冲库存现金或实物。一般包括不遵守有关现金及物资管理制度要求，用白条或其他凭证，据以借出、挪用或暂付现金、原材料、商品等的行为。如果金额较小，属于一般违法行为，如果情节严重，则属于犯罪行为。

出纳员在从事相关业务时，应严禁将白条作为记账的依据。

你一定犯愁了，那总不能什么东西都去正规的商场买吧，更不可能为公司办事个人掏腰包吧。其实挺简单的，哪天在超市买东西的时候，顺便开一张金额一致的发票抵了就行了，或者也可以用出租车票、加油票等抵。只要单位领导认可，签字手续齐全就可以了。

2. 银行存款日记账的设置、登记及银行对账单的编制

（1）银行存款日记账的设置

和现金日记账一样，银行存款日记账采用的也是三栏式订本账，原因也是为了防止抽换账页，以保证银行存款的安全性，其基本格式参见图 6-9。

银行存款日记账   1

户名 工商银行西苑支行   账号 300124356789

2014年		记账凭证		摘　要	结 算 凭 证		借方	贷方	借或贷	余额	核对号
月	日	字	号		种类	号数					
1	1			年初余额					借	440 000.00	
1	2	记	×	报销车辆保险费	转账支票	0015468		5 400.00	借	434 600.00	
1	2	记	×	提取现金	现金支票	02345		2 000.00	借	432 600.00	
1	2	记	×	支付上网费	转账支票	0015469		8 600.00	借	424 000.00	
1	2	记	×	支付广告费	转账支票	0015470		2 600.00	借	421 400.00	
1	2	记	×	支付电话费	委托付款	123456		560.00	借	420 840.00	
1	2	记	×	办理银行汇票	银行汇票	222333		10 000.00	借	410 840.00	
1	2	记	×	支付大E公司货款	电汇			23 400.00	借	387 440.00	
1	2	记	×	销售A产品	银行汇票	70040	117 000.00		借	504 440.00	
1	2	记	×	支付手续费	特约			82.56	借	504 357.44	
1	2			小计			117 000.00	52 642.56	借	504 357.44	
1	3	记	×	报销李立明学费	电子转账	00156444		3 600.00	借	500 757.44	
1	3			过次页			117 000.00	56 242.56	借	500 757.44	

图 6-9　银行存款日记账图示

173

（2）银行存款日记账的登记

如果你已经掌握了"现金日记账"的登记方法，"银行存款日记账"的登记也就迎刃而解，所不同的是"银行存款日记账"中一般会专门设有"结算凭证栏"，该栏次内容一定要根据具体的票据号详细登记，以便于查找和与银行对账。特别是"现金支票号码"和"转账支票号码"应当是连续的（如图 6-10 中的转账支票 0015468、0015469、0015470），这样一眼就能看出是否存在重记或漏记业务，同时也有利于保证银行付款的安全性。

在银行存款业务中，我们需要重点掌握的新知识点是"银行对账单的编制"。

（3）银行对账单的核对

为了保证企业银行存款的安全，企业应当定期和银行对账（每月至少一次），将企业的银行账的记录与银行给的"对账单"的记录逐笔按票号核对，如果有不一致的业务，可能是两种原因引起的：

一是一方或双方记账出现了错误，如错记、漏记、串户等；

二是存在"未达账项"，即因为单据传递存在时间差，造成同一笔业务，一方已经记账了，而另外一方因为还没有收到单据而没有记账的款项。

就企业与银行而言，未达账项有以下四种情况：

①企业已经作为付款入账，而银行还没有收到有关票据，所以还没有记录付款——"企业已付，银行未付"。

如企业已经开出了支票，并根据支票存根做了付款处理，而持票人还没有到银行办理该项业务。

②企业已经收款入账了，而银行尚未记录入账——"企业已收，银行未收"。

如企业销售商品收到转账支票一张，送存银行后就可以根据"进账单"回单登记银行存款的增加了，但银行需要在实际收妥款项后入账。

③银行已经记录付款，但企业还没有收到单证，尚未记录付款——"银行已付，企业未付"。

如根据委托付款协议，银行已经划付了企业的水费，并已经登记入账，而企业还没有收到银行的付款通知，所以还没有登记银行存款的减少。

④银行已经收到款项并已经记录收款，但企业还没有收到单证，尚未记录收款——"银行已收，企业未收"。

如银行已经收到了购货方汇给企业的货款，已经记录了这笔收款业务，但由于企业还没有收到银行的收款通知，所以还没有记录银行存款的增加。

（4）"银行存款余额调节表"的编制

在前面我们说过，在大部分小企业，银行存款余额调节表是由出纳员编制的，但从内控的角度，应当是由出纳员以外的人员编制，所以，由会计人员编制更合理。

当企业的银行存款日记账的记录与银行对账单的记录出现不符时，应当及时查明原因。如果同一票号的业务记录出现了不符，可能是一方或双方记账有误，则应当及时更正；如果是因为存在"未达账项"（一方有账面记录，而另一方没有），则应首先编制"银行存款余额调节表"。

举例如下：

博飞公司 2014 年 5 月 31 日银行存款日记账的期末余额为 653 246 元，开户银行转来的银行对账单的余额为 690 646 元，经过逐笔按票号核对，发现有以下五笔未达账项：

①企业委托银行收取的 E 公司的货款 23 400 元，银行 5 月 29 日已经收妥入账，而公司还没有收到收款通知。

②5 月 30 日银行已经代付了公司 5 月份的水费 2 300 元，公司还没有收到付款通知单。

③5 月 30 日公司已经开出一张票号为 06375822 的转账支票给 W 广告公司支付广告费 4 600 元，但银行还没有收到该转账支票。

④5 月 30 日公司送存银行的一张号码为 22334455 的转账支票（C 公司支付的货款），金额为 58 500 元，银行尚未入账。

⑤5 月 30 日银行已经收到了 F 公司汇来的货款 70 200 元，公司尚未收到收款通知。

根据以上信息，我们可以编制"银行存款余额调节表"如图 6-10 所示。

175

银行存款余额调节表

单位名称：博飞科技有限责任公司		2014年5月31日			编制人：李兰 日期：2014年6月3日		
账号：×××××					复核人：刘芳 日期：2014年6月3日		
企业银行日记账5月31日余额			653 246.00	银行对账单账5月31日余额			690 646.00
加：银行已入账，企业未入账的收入凭证				加：企业已入账，银行未入账的收入凭证			
月	日	摘 要	金 额	月	日	摘 要	金 额
5	29	收到E公司货款	23 400.00	5	30	收到C公司货款	58 500.00
5	30	收到F公司货款	70 200.00				
减：银行已入账，企业未入账的付款凭证				减：企业已入账，银行未入账的付款凭证			
月	日	摘 要	金 额	月	日	摘 要	金 额
5	30	支付市自来水公司水费	2 300.00	5	30	支付W公司广告费	4 600.00
调整后余额			744 546.00	调整后余额			744 546.00

图6-10　银行存款余额调节表图示

在该例题中，不难发现，经过调节后的左右方余额是相等的，这表明一般情况下，双方的记账是正确的；如果调整后余额不相等，则需要再进一步查找原因。对于多次对账后，一直存在的未达账项，一定要进一步查明原因，确认是否存在错误或舞弊问题。

注意：

①很多单位的对账与编制银行存款余额调节表的工作是直接由分管银行账的出纳做的，即自己的账自己对，其实这种做法是错误的，因为这样就无法实现通过与银行对账监督出纳人员错弊的作用了，所以，一定要记住，该项工作应当由负责银行存款记账工作以外的会计人员完成，这是企业管理者需要注意的问题。

②对于与银行对账过程中出现的"未达账项"，是不能进行账务处理的，必须等到实际收到有关单证时，才能按照"制证→记账"的程序进行处理，这是初学者容易出错的地方。

③对于已经实行了会计电算化的单位，会计人员只需要将银行对账

单的数据导入系统，对账、核销已达账项以及编制银行存款余额调节表
等工作一般由计算机自动完成。基本操作流程如下：

第一步：将银行发来的对账单导入（输入）到计算机中的银行对账
单库中；

第二步：由用户确定对账的银行存款科目对账方式，令计算机自动
将系统中存储的银行存款日记账中的记录按对账的条件进行筛选，并将
筛选的记录送入银行日记账未达账项库中；

最后在银行对账库与日记账未达账项库之间进行记录的自动核对和
核销，并自动生成银行存款余额调节表。

一般情况下，先实行自动对账，再进行手工对账，作为对自动对账
的补充。

（二）明细账的设置与登记

为了方便根据业务的具体情况随时增减账户（如新增了 M 公司作为
了自己的客户，就需要为 M 公司专门开设一个账户），根据业务量的多
少随时增减账页，明细账一般采用的都是"活页账"。具体格式的选择
则是根据账户的特点以及企业管理的要求来确定，我这儿可以给你提供
一些参考（如图 6-11 所示）。

账簿格式	账户名称
三栏式	库存现金、银行存款、应收票据、应收账款、预付账款、应收股利、应收利息、其他应收款、累计折旧、在建工程、固定资产清理、生产性生物资产累计折旧、无形资产、长期待摊费用、待处理财产损溢、短期借款、应付账款、预收账款、应付职工薪酬、应交税费（增值税除外）、应付利润、应付利息、其他应付款、长期借款、递延收益、实收资本、资本公积、盈余公积、本年利润、利润分配、主营业务收入、其他业务收入、营业外收入、投资收益、主营业务成本、其他业务支出、主营业务税金及附加、营业外支出、所得税费用
数量金额式	短期投资、在途物资、原材料、库存商品、包装物、低值易耗品、消耗性生物资产、长期股权投资
多栏式	应收账款、应付职工薪酬、应交税费（应交增值税）、生产成本、制造费用、工程施工、工程结算、机械作业、主营业务收入、其他业务收入、投资收益、主营业务成本、其他业务支出、销售费用、管理费用、财务费用
平行式	在途物资、应收票据、应收账款、预付账款、其他应收款、应付账款、预收账款
卡片式	固定资产、生产性生物资产
备注	凡是只需要核算金额的账户理论上都可以采用三栏式账簿，凡是既需要核算金额又需要核算数量的账户原则上都可以采用数量金额式账簿。 当管理中需要了解某一账户的具体项目内容时，应当采用多栏账，分项登记各项目的发生情况。 当管理中需要对照了解某一业务的发生与完成情况时，采用平行式账簿会更加直观。

图 6-11 常用账户的明细账格式选择参考图示

注：划线账户可以根据需要选择不同账簿格式。

大多数明细账是直接根据记账凭证逐笔进行登记的，其登记方法和日记账的原理相同。少数需要定期根据原始凭证汇总表填制记账凭证的业务，如原材料收发业务较多的企业要定期根据收料单或领料单编制"收料汇总表"或"发料汇总表"（可回忆一下"原始凭证汇总表"的编制），为了便于及时了解结存情况，应当先根据原始凭证（"收料单"、"领料单"）逐笔登记明细账，结出数量，再定期根据记账凭证登记金额。

下面，我们就简单了解一下不同明细账的基本格式与登记方法。

1. 三栏式明细账的格式与登记

当我们只需要核算某一账户的金额变动情况时，应当选择三栏式账簿设置明细账或分类账。如图 6-12 所示。

（1）参考格式

总页号 | 分页号

应收账款明细账　　一级科目 应收账款
子目或户名 百岸公司

2014年		凭证		摘要	借方	核对	贷方	核对	借或贷	余额	核对
月	日	种类	号数								
2	1			期初余额					借	86 000	
2	3	×	×	销售甲产品（合同号…）	23 400				借	109 400	
2	6	×	×	收到××批货款			86 000		借	23 400	
2	12	×	×	收到××批货款			23 400		平	θ	
2	18	×	×	收到预付货款			50 000		贷	50 000	
2	24	×	×	销售甲产品（合同号…）	58 500				借	8 500	
				……							
				过次页							

图 6-12　三栏式明细账图示

（2）登记方法

三栏式明细账的登记方法和日记账的登记方法基本相同，甚至比日记账的登记更简单，因为一般不需要进行“小计”，注意以下几点就可以了：

①户名，如图 6-12 所示，正确地填写账户名称就可以了。

②期初余额直接根据上月的期末余额填写。

③本期发生额及摘要直接根据记账凭证逐笔填写。

④要写明余额方向，如图 6-12 中，当公司收到百岸公司预付的 50 000 元货款时（没有专设“预收账款”账户的企业可以将“预收账款”在“应收账款”中核算），出现了 50 000 元的贷方余额，就应当在余额方向栏中注明“贷”，这样就可以很清晰地表明了这 50 000 元的余额实际上是企业的预收账款。

⑤和日记账一样，“核对号”是在对账时标记用的。

⑥“总页号”和“分页号”类似于记账凭证的编号。因为明细账采用的是活页式账簿，等到期末应当将空白的账页抽出，填制一份账户目录，加具好账簿的封面和封底后，装订成册，这时才能够编制总页号和分页号。总页号就是整个一本账的顺序编号，注意反面空白的账页也应当包括在内，以防止增减。分页号则是某一个明细账户的页码顺序号。总页号应当等于各分页号的合计数。

⑦对于账簿中的空白页一定要按规定画线注销，即从账页的左下角向右上角画一条单红线，并注明“此页空白”。

2. 数量金额式明细账的格式与登记

既需要核算某一账户的金额变动情况，又需要了解其数量变动情况时，则应当选择数量金额式账簿设置明细账，如图 6-13 所示。

（1）参考格式

总页号 分页号

原料及主要材料明细账

最高储量 15　　　　编号 101

最低储量 4　存储地点 一库　规格　类别　计量单位 吨　品名 生铁

2014年		凭证		摘要	借方			贷方			余额		
月	日	种类	号数		数量	单价	金额	数量	单价	金额	数量	单价	金额
1	1			期初结存							10	1 100	11 000
1	2	领	1	一车间领用				6			4		
1	12	验	1	购入	8	1 200	9 600				12		
1	15	领	2	二车间领用				7			5		
1	18	领	3	一车间领用				1			4		
1	25	验	2	购入	7	1 300	9 100				11		
1	31			本月合计	15		18 700	14	1 188	16 632	11	1 188	13 068
				过次页									

图 6-13　数量金额式明细账图示

（2）登记方法

从图 6-13 的示例可以看出，数量金额式明细账和三栏式明细账不仅从格式上有一定差别，其登记方法也有所不同，我们一起来了解一下数量金额式明细账应当如何填写。

①首先应写明账户的名称，可以是一级账户的名称，也可以是二级账户的名称，图 6-13 中"原料及主要材料"就是属于二级账户名称。

②根据实际情况详细写明"品名"、"编号"、"计量单位"、"规格"、"类别"等信息。

③写明具体的存储地点，以方便在期末或财产清查时与实物的保管部门进行账账、账实核对。

④根据企业有关管理指标，写明"最高储备量"和"最低储备量"，以便于当某一物品的结存量超过最高储备量或低于最低储备量时，及时向采购部门发出预警信息，避免出现资产积压或材料断档等情况影响正常生产。

⑤因为数量金额式明细账主要是用来核算实物资产的"收入"、"发出"、"结存"情况，虽然也是分为"借"、"贷"、"余"三栏，但实际上反映的是企业实物资产的"收"、"发"、"存"情况，因此对于存在期初余额的账户，摘要一般习惯使用"期初结存"，这是和三栏式账簿不同的地方。当然如果要使用"期初余额"并非不可，只是用"期初结存"更贴切一些。

⑥有期初结存的账户，应详细地将"数量"、"单价"、"金额"等信息根据上月的期末结存情况填写在"余额栏"中。

⑦为了便于及时了解企业实物资产的结存情况，无论单位采用的逐笔核算还是定期汇总核算的方式，用来核算实物资产存量的明细账都必须逐笔登记，随时结出结存数量。即：

如果企业的实物资产收发业务较少，一般直接根据原始凭证（如"收料单"、"领料单"等）填制记账凭证，登记有关账簿。这时，明细账直接根据记账凭证及其所附的原始凭证登记就可以了。

如果企业的实物资产收发业务较多，通常会定期编制汇总表（如前

181

面学过的"收料汇总表"、"发料汇总表"），然后根据原始凭证汇总表编制记账凭证，进行分类核算。这时，如果明细账也定期登记，就会导致无法及时掌握实物资产的结存情况，所以明细账就应当直接根据反映实物资产收发情况的原始凭证登记，二级账和总账根据记账凭证登记。

⑧目前允许使用的存货的发出计价方法是"加权平均法"、"先进先出法"、"个别计价法"，人们大多采用的是"加权平均法"。图6-13就是以"全月一次加权平均法"示例的。

⑨当采用"全月一次加权平均法"登记存货明细账时，每一笔存货的收入业务都应当详细登记"数量"、"单价"、"金额"等信息，但因为"加权平均单价"需要到期末才能算出，所以"发出（贷方）"和"结存（余额）"栏平时只反映数量指标，待期末计算出全月的加权平均单价后，再汇总填写发出金额和结存金额（如图6-13所示）。

⑩加权平均法下单价与金额的计算方法如下：

$$\text{加权平均单价} = \frac{\text{期初余额} + \text{本期收入金额}}{\text{期初结存数量} + \text{本期收入数量}} = \frac{11000 + 18700}{10 + 15} = 1188（\text{元/吨}）$$

$$\text{期末结存金额（期末余额）} = \text{期末结存数量} \times \text{加权平均单价} = 11 \times 1188 = 13068（\text{元}）$$

$$\text{发出存货的金额（贷方金额）} = \text{发出数量} \times \text{加权平均单价} = 14 \times 1188 = 16632（\text{元}）$$

在图6-13的示例中，单价是一个整除数，但实际工作中，单价往往是一个四舍五入后的数字，为保证数字的平衡，建议你采用"数量 × 单价"的方式计算期末结存，然后采用"倒挤"的方式计算发出金额，即：

$$\text{发出存货的金额} = \text{期初余额} + \text{本期收入金额} - \text{期末结存金额}$$
$$= 11\,000 + 18\,700 - 13\,068 = 16\,632（\text{元}）$$

随着信息化的普及，存货的核算越来越精细化，在建立了数字平台的企业，存货的收发信息直接由仓库管理人员录入了，财务部门主要负责后期的记账凭证编制等工作。所以，在一些大公司，你会发现很多负责存货管理的人员，虽然属于财务部门编制，但根本不懂会计知识。你千万别误以为不懂会计知识也能当会计，要知道在小企业，信息化程度一般比较低，岗位分工通常也不会很细致，很多公司是需要一人多岗的，如果不懂会计知识，是不可能在财务部门工作的。

3. 多栏式明细账的格式与登记

当我们不但需要了解一个账户的总体发生额和余额情况，同时还需要进一步了解其具体的构成项目的金额情况时，通常需要选择使用"多栏式明细账"。

（1）参考格式

多栏式明细账没有统一的格式，一般应当根据业务的具体内容结合企业的管理要求自行设计，你可以通过图6-14、图6-15、图6-16了解几种典型的多栏账。

183

（2）登记方法

①对于多栏式明细账，除"应交税费——应交增值税"明细账（图6-16）外，一般只对其中的某一方（如图6-14和图6-15为借方金额的分析）分专栏进行分析，采用"棋盘式"登记方法，即是什么项目发生的金额就对应地登记在哪一栏中，如领用材料就应登记在"材料费"专栏、分配人工费就对应登记在"人工费"专栏等等。

②如果有"期初余额"（如图6-14），其期初余额也应当分项反映，并将合计数直接填在"余额栏"（注意不要填"发生额栏"，因为"发生额栏"反映的是本月新发生的金额，不包括期初余额）。

③在发生减少额时，其减少金额应当用红字在对应的栏次中分项列示（如图6-14"转出完工产品成本"），以便了解各个项目的增、减、存情况。

生产成本明细账

产品名称：A120

2014年 月	日	凭证字号	摘要	借方	贷方	方向	余额	直接材料	直接人工	制造费用	废品损失	其他
										(借)方金额分析		
3	1		期初余额			借	56 600.00	38 000.00	6 000.00	12 600.00		
	31		分配材料费	565 078.00		借	621 678.00	565 078.00				
	31		分配工薪费	93 497.95		借	715 175.95		93 497.95			
	31		计提社会保险、公积金	40 858.60		借	756 034.55		40 858.60			
	31		计提工会经费、教育经费	4 207.41		借	760 241.96		4 207.41			
	31		分配制造费用	80 544.01		借	840 785.97			80 544.01		
	31		转入废品净损失	460.00		借	841 245.97				460.00	
	31		本月合计	784 645.97		借	841 245.97	603 078.00	144 563.96	93 144.01	460.00	0.00
	31		完工转出		780 654.34	借	60 591.63	(552 821.50)	(138 278.57)	(89 094.27)	(460.00)	0.00
	31		期末在产品			借	60 591.63	50 256.50	6 285.39	4 049.74	0.00	0.00

图6-14 多栏式明细账图示1

管理费用明细账

金额单位：元

2014 年		凭证字号	摘要	借方	贷方	方向	余额	（借）方全额分析							
月	日							招待费	人工费	折旧费	水电费	办公费	差旅费	其他
3	1	略	购买办公用品	600		借	600					600		
	7		报销差旅费	890		借	1 490						890	
	18		报销招待费	480		借	1 970	480						
	22		支付修理费	120		借	2 090							120
	31		计提折旧	9 000		借	11 090			9 000				
	31		分配电费	800		借	11 890				800			
	31		报销招待费	1 200		借	13 090	1 200						
	31		分配水费	1 800		借	14 890				1 800			
	31		分配人工费	21 180		借	36 070		21 180					
	31		期末转出		36 070	平	0							
	31		**本月合计**	36 070	36 070	平	0	1 680	21 180	9 000	2 600	600	890	120

图 6-15 多栏式明细账图示 2

186

应交税费——应交增值税明细账

××年		凭证号数	摘要	借方								贷方							借或贷	余额
月	日			合计	进项税额	已交税金	减免税款	出口抵减内销产品应纳税额	转出未交增值税		合计	销项税额	出口退税	进项税额转出	转出多交增值税					

图 6-16 多栏式明细账图示 3

注：这是典型的应交增值税明细账的格式，有些地方直接有售，使用的是自行设计的账页，则只需要设置"进项税额"、"已交税金"、"转出未交税金"、"销项税额"、"进项税额转出"、"转出多交增值税"这几个专栏。而对于小规模纳税人，因为不涉及出口退税，使用的公司不涉及出口退税，区分进项税和销项税，应交增值税则直接采用三栏账就可以了。不过现在一般纳税人的起点很低，工业企业年应税销售额在 50 万元以上、商业企业年应税销售额在 80 万元以上就属于一般纳税人了。

4.平行式明细账的格式与登记

当我们需要直观地了解到某一经济业务的完成情况时，通常会选择"平行式明细账"。和多栏式明细账一样，平行式明细账也没有统一的格式，一般应当根据业务的具体内容结合企业的管理要求自行设计，你可以通过图 6-17 了解一下其设计的基本框架：

（1）参考格式

在途物资明细账

类别：原材料

2014年		凭证号	供货单位或采购人	借 方				2014年		收料凭证	贷 方			核销
月	日			摘 要	买价	运杂费	合 计	月	日		摘 要	成本		
4	1		B公司	月初在途（乙料）	40 000	600	40 600	4	6	×	二库	40 600		√
4	3	×	A公司	购甲料	15 000		15 000	4	3	×	一库	15 000		√
4	16	×	B公司	购乙料	80 000	1 080	81 080	4	20	×	二库	81 080		√
4	20	×	A公司	购甲料	30 000		30 000	4	21	×	一库	30 000		√
4	25	×	C公司	购丙料	20 000	800	20 800							
4	25	×	B公司	购乙料	60 000	780	60 780	4	29	×	二库	60 780		√
4	30			本月合计	245 000	3260	248 260	4	30	×	本月合计	227 460		
								4	30	×	转出在途	20 800		
5	1		C公司	月初在途（丙料）	20 000	800	20 800							

图 6-17 平行式明细账图示1

（2）登记方法

从图 6-17 所给出的"在途物资明细账"的结构不难发现：

①其基本结构分为"借"、"贷"两方。

②借方（增加方）按业务发生的先后顺序逐笔登记，而贷方（减少方）则不是按时间顺序登记的，而是采用与借方相同业务同行登记的原则进行登记。

③4 月 25 日从 C 公司购入的丙材料因为直到月末还没有到货，所以没有贷方信息，很直观地就可以了解到该项采购业务尚未完成。

应付账款明细账

债权人	借 方					贷 方					转销
	2014年		凭证号数	摘要	金额	2014年		凭证号数	摘要	金额	
	月	日				月	日				
A公司	4	5	×	归还货款	68 000	4	1		期初余额	68 000	√
A公司	4	4	×	支付货款	17 550	4	3	×	购入甲材料	17 550	√
B公司	4	22	×	支付货款	94 761	4	16	×	购入乙材料	94 761	√
A公司	4	21	×	支付货款	35 100	4	20	×	购入甲材料	35 100	√
C公司						4	25	×	购入丙材料	24 239	
B公司						4	27	×	购入乙材料	71 039	
	4	30		本月合计	215 411	4	30		本月合计	310 689	
	4	30		期末转出	95 278						
C公司						5	1		期初余额（4.25）	24 239	
B公司						5	1		期初余额（4.27）	71 039	

图 6-18　平行式明细账图示 2

从图 6-18 的"应付账款明细账"可以发现，其业务的"增加方（贷方）"按业务发生的时间顺序登记，而"减少方（借方）"则是按照其与贷方记录的对应关系进行登记。这种平行登记的方式，既可以将多个债权人登记在一个账簿中，也可以很容易地了解到企业的每一笔债务的偿还情况。

不过，大多数企业对于债权债务类的账簿会选择采用三栏式账簿，分别按债权人设置明细户的方式。

所以，具体账簿格式的选择主动权在一定范围内是你的。

（三）总账的设置与登记

1.总账的设置

为了方便根据业务多少而增减账簿、账页，明细账采用了活页式账簿的形式，但活页账可以随意抽换，显然会不利于保证账簿记录的安全性，这就客观上要求能够对明细账起到总体控制作用的总账必须采用订本式的账簿，以保证账簿记录的安全性。所以和日记账一样，总账采用的是三栏式订本账。

还记得我们在前面学习的"科目汇总表"的编制吗？要求"将汇总期内记账凭证上所涉及的会计科目按照总账上的科目先后顺序填列在科目汇总表上"。企业所使用的总账科目基本上是不会发生大的变化的，所以为了方便记账，我们可以将企业需要使用的总账科目按照会计科目表的顺序事先填写在总账账页前面的"目录"中，如图6-19所示。

目录表

名称	编号	页数	名称	编号	页数	名称	编号	页数
库存现金	1001	1-2	在建工程	1503	25-26	盈余公积	3101	49-50
银行存款	1002	3-4	固定资产清理	1504	27-28	本年利润	3102	51-52
应收票据	1201	5-6	待处理财产损溢	1801	29-30	利润分配	3103	53-54
应收账款	1202	7-8	短期借款	2001	31-32	生产成本	4001	55-56
预收账款	1203	9-10	应付账款	2101	33-34	制造费用	4101	57-58
其他应收款	1231	11-12	预收账款	2102	35-36	主营业务收入	5001	59-64
在途物资	1301	13-14	应付职工薪酬	2201	37-38	主营业务成本	5301	65-66
原材料	1302	15-16	应交税费	2301	39-40	主营业务税金及附加	5302	67-68
库存商品	1303	17-18	应付利息	2401	41-42	……		
包装物	1304	19-20	应付利润	2501	43-44			
固定资产	1501	21-22	其他应付款	2601	45-46			
累计折旧	1502	23-24	实收资本	3001	47-48			

图 6-19　总账目录图示

因为我们目前普遍采用的是"科目汇总表会计处理程序"，所以在该图示目录中每一个账户所预留的账页都是两页，其假设条件是：每月编制一次科目汇总表，并据以登记一次总账，每年更换一次总账，两页的预留量正好满足记账的需求，并最大程度避免了空白账页的出现。而如果公司的业务量较大，需要每旬汇总一次（如图6-20所示），同样可以测算出每个账户全年所需要的页数予以预留，尽量避免空页或年度内更换总账。

189

2. 总账的登记方法

总 分 类 账

一级科目　库存现金　　　1

2014年		凭证		摘　要	借　方	核对	贷　方	核对	借或贷	余　额	核对
月	日	种类	号数								
1	1			期初余额					借	1 650.00	
1	10	汇	1-1	1-10日 1-88号凭证汇入	23 456.00	√	23 940.50	√	借	1 165.50	√
1	20	汇	1-2	11-20日 89-180号凭证汇入	26 223.35	√	25 998.46	√	借	1 390.39	√
1	31	汇	1-3	21-31日 181-266号凭证汇入	25 666.33	√	25 320.46	√	借	1 736.26	√
1	31			本月合计	75 345.68		75 259.42		借	1 736.26	
1	31			本年累计	75 345.68		75 259.42		借	1 736.26	
2	1			期初余额					借	1 736.26	
2	10	汇	2-1	1-10日 1-82号凭证汇入	22 665.22	√	22 540.20	√	借	1 861.28	√
2	20	汇	2-2	11-20日 83-178号凭证汇入	24 625.30	√	25 002.10	√	借	1 484.48	√
2	28	汇	2-3	21-31日 178-256号凭证汇入	23 350.60	√	23 560.20	√	借	1 274.88	√
2	28			本月合计	70 641.12	√	71 102.50		借	1 274.88	
2	28			本年累计	145 986.80	√	146 361.92	√	借	1 274.88	
3	1			期初余额					借	1 274.88	
3	10	汇	3-1	1-10日 1-67号凭证汇入	27 301.00	√	26 996.00	√	借	1 579.88	√
				过次页	173 287.80		173 357.92		借	1 579.88	

图 6-20　科目汇总表会计处理程序下总账登记图示 1

总 分 类 账

一级科目　库存现金　　　1

2014年		凭证		摘　要	借　方	核对	贷　方	核对	借或贷	余　额	核对
月	日	种类	号数								
1	1			期初余额					借	1 650.00	
1	31	汇	1	1-266号凭证汇入	75 345.68	√	75 259.42	√	借	1 736.26	√
2	28	汇	2	1-256号凭证汇入	70 641.12	√	71 102.50	√	借	1 274.88	√
3	31	汇	3	……							

图 6-21　科目汇总表会计处理程序下总账登记图示 2

　　图 6-20 是采用每旬一汇总的方式登记的总账，图 6-21 采用的是 1
个月一汇总的方式，对比可以发现，后一种的记账工作量会更小。但前
一种的优点是，因为每 10 天就要登记一次总账，并进行总账和明细账的
核对（对账），更便于及时发现记账过程中存在的问题。具体采用哪种
方式，就要根据单位的业务量和你的喜好了。

　　这儿顺便说一下，明细账会计和总账会计是不相容职务（即不能由
一人同时担任），即使是在电算化环境下也是如此。

　　学到这儿，各种凭证的填制方法、账簿的登记方法你应当都已经掌
握了。有了这些基础知识，会计电算化环境下打印出来的凭证和账簿你
就可以很轻松地看懂了。

四、学会粘贴口取纸

　　随着会计电算化的普及，定期打印出来的账簿很多单位都不再粘
贴口取纸了。但如果实务中你所在的单位还有一些需要手工记录的内容
（比如收发很频繁的一些材料、器件等），使用口取纸就会给你的记账工
作带来很大的方便。

　　口取纸一般有两种颜色——红色和蓝色。通常人们会使用红色的口
取纸填写总类或大类的账户名称，因为红色更醒目，用蓝色的口取纸填
写具体的细目或品名。比如 W 公司有以下几种原材料，（如图 6-22 所
示）。

类别	原料及主要材料			辅助材料		外购件				
品种	生铁	钢板	圆钢	油漆	润滑油	电机	包装材料	电器元件	标准件	液压件
计量单位	吨	吨	公斤	公斤	公斤	台	组	套	套	套

图 6-22 原材料分类图示

如果这些材料的收发记录工作还需要手工进行的话，你就可以用红色的口取纸写明原材料所属的类别，如"原料及主要材料"，用蓝色的口取纸写上具体的品名，如"生铁"、"钢板"，然后把它们贴在对应的账页上，记账时，这些就像是我们读书时使用的书签，你只要找到了口取纸标明的位置，就找到了要登记的账页。

口取纸应当按照自左向右，自上向下，先总后分的原则分层次粘贴，这样才会更方便你登记账簿（如图6-23所示）。

图6-23　口取纸的粘贴示意图

到了月末，一个工作阶段结束了，作为会计人员，则应当把这一段时期的业务进行最后的核对、汇总，把账"结"了。为了保证账簿记录的正确性，在结账之前我们要做好"试算平衡"和"对账"工作，确保

账簿记录没问题了，就可以结这段时间的账了。

一、试算平衡与对账

（一）试算平衡

还记得我们的记账规则吗？"有借必有贷，借贷必相等"，试算平衡就是按照这个原理进行的。

首先，按照"资产=负债+所有者权益"的平衡公式，我们可以知道：

全部账户的期初借方余额之和 = 全部账户的期初贷方余额之和

如果每一笔经济业务在核算时都"借贷必相等"，那么：

全部账户本期借方发生额之和 = 全部账户本期贷方发生额之和

因为期初余额 + 本期发生额 = 期末余额，由此就可以推理出：

全部账户的期末借方余额之和 = 全部账户的期末贷方余额之和

193

如果上述的平衡关系得以满足，就是我们所说的试算平衡了，说明会计分录的编制和记账基本正确，否则就可以肯定账户的记录或计算一定有错误，应当及时找出错误并加以纠正（查找错账的技巧我们会在后面学到）。

需要注意的是，试算平衡了只能说明我们的会计核算基本正确，并不是绝对正确，当我们漏记、重记了一笔经济业务时，会导致借贷方同时少记或多记了相同的金额，平衡关系并没有被打破。还有，比如我们把借贷方的科目颠倒了，同样也不会打破这种平衡关系。所以，我们要求每一张记账凭证都必须经过复核，以保证会计分录的正确性；我们要求所有的经济业务都必须在明细账（日记账）和总账上平行登记，通过明细账（日记账）和总账的定期核对，及时发现可能出现的漏记、重记、错记问题。

试算平衡一般是通过编制试算平衡表进行的。其参考格式见表6-1。

表6-1	总分类账户试算平衡表					
	2014年3月				单位：元	
账户名称	期初余额		本期发生额		期末余额	
	借方	贷方	借方	贷方	借方	贷方
库存现金	1 650					
银行存款	456 300.00					
应收账款	56 800					
……	……					
应付账款		73 600	……	……	……	……
应付职工薪酬		52 200				
……		……				
实收资本		500 000				
		……				
合　计	889 650	889 650	……	……	……	……

你可以试着将我们前面举的用来编制"科目汇总表"的15笔业务（图5-16）进行一次试算平衡（发生额），再假设将某一笔经济业务漏记或重记，看看是不是平衡关系仍然保持？再将借贷方科目颠倒呢？

（二）对账

在前面我们学习总账的登记的时候提到过，通过总账和明细账的核对可以及时发现记账过程中出现的差错，其实，除了总账和明细账的核对之外，对账工作还包括其他内容。记住，在结账之前，你务必先完成对账工作。

对账工作包括以下内容：

1. 账证核对

即账簿与有关会计凭证的核对。一般来说，这项工作应当在日常进行，以便及时发现错账，保证账证的一致性。如果在账账核对中出现不符或不能试算平衡时，往往也需要逆查至凭证，进行账证核对。

2. 账账核对

也就是将有勾稽关系的账簿之间的数据进行核对。该项核对工作每月至少要进行一次。通常包括以下内容：

（1）总账的试算平衡，以初步保证总账记录的正确性。

（2）将总账的余额、发生额与所属明细账（日记账）进行核对，如有不符，应及时查找原因。

如图6-5中，W公司的"原材料"包括"原料及主要材料"、"辅助材料"、"外购件"、"燃料"四大类11种物资，则"原材料"总账的余额和发生额就应当等于"原料及主要材料"、"辅助材料"、"外购件"、"燃料"四个二级分类账的金额合计，也应当与11种物资的明细账金额的合计数相等。

其中，"原料及主要材料"包括"生铁"、"铝锭"两种物资，则"原料及主要材料"这个二级分类账的金额就应当与"生铁"、"铝锭"两种物资的明细账金额的合计数相等。如果在核对中出现了不符现象，就应当查找原因了。

（3）对于登记实物资产的账簿，财会部门应当与实物资产的使用或保管部门的台账进行核对（数量），如有不符，应及时查明原因。

195

如前面我们提到的"生铁"的明细账，会计部门有明细账，仓库也会有保管账，二者在数量上应当是一致的，否则就说明记账或收发出现了问题。

（4）其他有勾稽关系的账户核对。比如"主营业务成本"与"库存商品"、"生产成本"等之间也存在一定的勾稽关系，其数据是否吻合，也是在账账核对中需要关注的问题。

做法提示：你可以用铅笔草算出发生额合计及余额，总额、余额如果核对相符了，一般就没有问题了，如果不符，再逐笔核对，直至逆查至会计凭证。

3. 账实核对

也就是将各种财产物资的账存数和实存数进行核对。主要包括以下内容：

（1）出纳员将现金日记账的余额和实际现金库存数逐日进行的核对，对现金进行定期或不定期清查时，将账存数与实存数进行的核对。

（2）由负责登记银行日记账的出纳以外的人员将银行存款日记账

的记录与银行对账单按票号逐笔进行的核对，编制银行存款余额调节表（前面已经学过，你可以再回顾一下）。

（3）将各种债权债务与对方进行核对，尤其是"应收账款"等债权，一定要与债务人进行定期核对，一可以起到催款作用；二能够及时发现错弊，比如错记账户、挪用资金等问题。所以该项工作和银行存款业务同理，理论上应当由非经办人员完成。

（4）存货、固定资产等实物资产与实存数的核对。前面的账账核对中，我们只是将总账、二级分类账、明细账进行了金额核对，将会计账和保管账进行了数量核对，但账面相符未必实物存在，所以企业应当定期或不定期地对这些实物资产进行局部或全面的清查，一可以发现实物资产的溢余或短缺情况，二可以了解这些实物资产的存在状况，发现积压、短缺、毁损、变质等问题，从而及时采取应对措施。

所以，管理人员必须重视实物资产的账实核对工作，虽然看起来有些麻烦，但对于保护企业财产的安全完整、盘活企业的资金、理顺企业的资产管理具有非常重要的作用。

在对账过程中如果发现了漏记、重记、错记等情况，按照后面即将讲到的错账更正方法进行更正就可以了。

注意：即使是在已经施行了会计电算化的单位，对账工作也是必须的。当然，由于有些存在一定勾稽关系的账簿（如总账、二级分类账、明细账）的内容是直接根据相同的凭证内容自动生成的，可以省去该部分账簿间的账账核对工作，但是如账证核对、账实核对，以及对账单等的核对工作仍是必不可少的。

二、查找错账

（一）查找错账

刚才我们学习了如何对账，知道了如果出现了无法核对相符时应当及时查明原因。查找错账，应当是会计人员最为头疼的一件事儿了，因为俗语讲"记账容易找错难"。现在，我就教给你怎样比较快速地找出错误的原因。

（二）常用的查找错账的方法

1. 除二法

记账时稍有不慎，很容易发生借贷方记反或正负值记反，简称为"反向"错误，如借记应收账款 1 000 元，错记到了贷方，这样一正一负（借方少记了 1 000 元，贷方多记了 1 000 元），相当于贷方就会多出 2 000 元。所以这种错账的规律就是错账差数一定是偶数，只要将差数除以二得出来的商就是错账数。这就是我们所说的除二法，这是一种最常见而简便的查错账方法。

例如，某月资产负债表借贷的两方余额不平衡，其错账差数是 4 652.20 元，这个差数是偶数，它就存在"反向"的可能，那么我们就可以用"除二法"，即 4 652.20÷2=2 326.10 元，这样只要去查找金额为 2 326.10 元的这笔账是否记账反向就是了。

如果错误差数是奇数，那就没有记账反向的可能，就应当采用其他方法来查找错账了。

2. 除九法

在日常记账中前后两个数字颠倒、三个数字前后颠倒和数字移位等记账错误也是经常出现的情况。它们共同特点是错账差数一定是九的倍数且差数每个数字之和也是九的倍数，因此，这类情况均可以用"除九法"来查找。

下面我们就针对这三种情况来学习一下如何查找错账：

（1）两数前后颠倒

在出现该种记账错误的时候，除了具有以上共同特点外还有其固有的特点，就是错账差数用九除得的商是错数前后两数之差。我们通过数字实例分析一下：

①差数是 9。则错数前后两数之差是 9÷9=1。如 10、21、32、43、54、65、76、87、89；01、12、23、34、45、56、67、78、89。你可以

试验一下，比如错把 23 记成了 32，那么 32-23=9，9÷9=1，是不是和我们总结的规律一样？所以，当你在对账过程中发现差错额是 9 时，你可以从有以上相邻数字的业务记录中查找错误。

②差数是 18，则错数前后两数之差是 18÷9=2。如 20、31、42、53、64、75、86、97；02、13、24、35、46、57、68、79。比如错把 42 记成了 24，那么 42-24=18，18÷9=2，你就从相邻两数差额为 2 的业务记录中查找错误就可以了。当然如果是错把 4 200 记成了 2 400，也符合这种找错原理，只不过是数位的问题。

③差数是 27，则错数前后两数之差是 27÷9=3。如 30、41、52、63、74、85、96；03、14、25、36、47、58、69。

④差数是 36，则错数前后两数之差是 36÷9=4。如 40、51、62、73、84、95；04、15、26、37、48、59。

⑤差数是 45，则错数前后两数之差是 45÷9=5。如 50、61、72、83、94；05、16、27、38、49。

⑥差数是 54，则错数前后两数之差是 54÷9=6。如 60、71、82、93；06、17、28、39。

⑦差数是 63，则错数前后两数之差是 63÷9=7。如 70、81、92；07、18、29。

⑧差数是 72，则错数前后两数之差是 72÷9=8。如 80、91；08、19。

⑨差数是 81，则错数前后两数之差是 81÷9=9。如 90、09。

这样，我们查找错账就有了方向，大大缩小了查找的范围。现在，你自己试着举几个两位数前后颠倒的例子来验证并掌握这种查找错账的技巧吧。比如 89 错记成了 98；270 错记成了 720；3 500 错记成了 5 300；84 000 错记成了 48 000 等。

（2）三个数字前后颠倒

出现该种错账，除具有前述的共同特点外也有其固定的特点，就是三位数前后颠倒的错账差数都是 99 的倍数，差数用 99 除得的商即是三位数中前后两数之差。同样我们通过数字实例分析一下：

①三位数头与尾两数之差是 1，那么数字颠倒后的差数是 99。其典型数例为 $1\times0\to0\times1$，$2\times1\to1\times2$，$3\times2\to2\times3$，$4\times3\to3\times4$，$5\times4\to4\times5$，$6\times5\to5\times6$，$7\times6\to6\times7$，$8\times7\to7\times8$，$9\times8\to8\times9$；反向同理。你不妨实验一下，如将 201 错记成了 102；将 233 错记成了 332；将 584 错记成了 485 等等，验算一下它们的差数是不是都是 99。

②三位数头与尾两数之差是 2，那么数字颠倒后的差数则是 99 的二倍，即为 $99\times2=198$。其典型数例为 $2\times0\to0\times2$，$3\times1\to1\times3$，$4\times2\to2\times4$，$5\times3\to3\times5$，$6\times4\to4\times6$，$7\times5\to5\times7$，$8\times6\to6\times8$，$9\times7\to7\times9$；反向同理。如将 301 错记成了 103；将 533 错记成了 335；将 684 错记成了 486 等等，验算一下它们的差数。

③三位数头与尾两数之差是 3，那么数字颠倒后的差数则是 99 的三倍，即为 $99\times3=297$。其典型数例为 $3\times0\to0\times3$，$4\times1\to1\times4$，$5\times2\to2\times5$，$6\times3\to3\times6$，$7\times4\to4\times7$，$8\times5\to5\times8$，$9\times6\to6\times9$；反向同理。如将 401 错记成了 104；将 633 错记成了 336；将 784 错记成了 487 等等，验算一下它们的差数是不是都是 99 的三倍 297。

④同理三位数头与尾两数之差是 4，那么数字颠倒后的差数则是 99 的四倍，即 $99\times4=396$。如将 501 错记成了 105，将 624 错记成了 426，将 884 错记成了 488，其差数都是 396。

⑤三位数头与尾两数之差是 5，那么数字颠倒后的差数则是 99 的五倍，即 $99\times5=495$。如将 601 错记成了 106，将 833 错记成了 338，将 984 错记成了 489，看看它们的差数是不是都是 495。

⑥三位数头与尾两数之差是 6，那么数字颠倒后的差数则是 99 的六倍，即 $99\times6=594$。如将 701 错记成了 107，将 933 错记成了 339。

⑦三位数头与尾两数之差是 7，那么数字颠倒后的差数则是 99 的七倍，即 $99\times7=693$。如将 801 错记成了 108，将 982 错记成了 289 等。

⑧三位数头与尾两数之差是 8，那么数字颠倒后的差数则是 99 的八倍，即 $99\times8=792$。如将 901 错记成了 109，将 1 810 错记成了 1 018。

⑨三位数头与尾两数之差是 9，那么数字颠倒后的差数则是 99 的九

倍，即 99×9=891。如将 2 980 错记成了 2 089，将 12 920 错记成了 12 029，验算一下它们的差数。

如果是四个数位、五个数位、六个数位……前后颠倒呢?

差数就应当是 999、9999、99999……的倍数呗。不信你就试试。比如 2 133 错记成了 3 132，68 863 错记成了 38 866，723 332 错记成了 223 337……是不是分别是 999 的 1 倍，9999 的 3 倍，9999 的 5 倍……

（3）数字移位，或称错位，俗称大小数

记得有一次我着急在银行开一个户，拿到存款单，顺手写了一串数字，等看到工作人员惊讶的神态时，我才发现是错把 100 元填成了 100 万元。在记账过程中，写错数位是经常发生的记账错误，那么怎样判断是不是这种错误，以及如何查找这种错账呢? 现在我们就一起来分析一下这种错账的特点以及查找技巧。

首先我们要整理出这种错账的特点：一是它的"差数"以及"差数每个数字之和"是九的倍数；二就是数字移位的错误，只要将差数用九除得的商就是错账数。

例如 2 000 错记为 200 或 20 000，它的差数为 −1 800 或 18 000，它们的差数 −1 800 或 18 000 都是 9 的倍数，而每一个数字之和（1+8=9）也都是九的倍数，将差数分别用九除得的商则分别是 1 800÷9=200，因为差值为负数，说明是少记了金额，可以推断出正确的金额应当是 200+1 800=2 000 元，所以查找记账额为 200，凭证金额为 2 000 的就可以了；同理 18 000÷9=2 000，因为差值为正数，说明是多记了金额，可以推断出正确的金额应当是 2 000，而错记的金额应当是 2 000+18 000=20 000，就应当查找错记为 20 000，凭证金额为 2 000 的记录。

你不妨试一试以下几种情况验证一下，也帮助你掌握这种查错技巧：

①错把 32.00 记成了 3 200，则：

差错额 =3 200 − 32=3 168

3+1+6+8=18，能够被 9 整除

3 168÷9=352，能够被 9 整除

同时，3 168÷99=32，能够被 99 整除，说明错位数很可能为两位

因为差数为正值，说明多记了金额，所以正确金额应当是 32，错记金额应当是 32+3 168=3 200。

②错把 25 000 记成了 25，则：

差错额 =25－25 000=－24 975

2+4+9+7+5=27，能够被 9 整除

24975÷9=2775，能够被 9 整除

24975÷99=252.27，不能被 99 整除

24975÷999=25，能够被 999 整除，说明错位数很可能是三位

因为差数为负值，说明少记了金额，所以正确金额应当是 25+24 975=25 000，错记金额为 25。

③再看看我前面犯的错误，就是错把 100 元，写成了 100 万元，会是什么结果呢？

差错额 =1000 000－100=999 900，显然差数的每个数之和是 9 的倍数，而且一眼就能看出差数是 9 999 的倍数，所以初步可以断定是错记了 4 位数，再用 999 900÷9 999=100，同样因为差数是正值，说明正确金额应当是 100，错记成了 100+999 900=1 000 000。

现在我们就来总结一下：

如果差错额的每个数之和是 9 的倍数，很可能存在记账错位的问题。

差错额能够被几个 9 整除，通常就是错了几位，就像我们前面分析的例题。

如果差错额为正数，说明多记了金额，则用差错额除以 9、99、999……得出的数字就是正确金额，除以的是几个 9，就是向前错了几位。

如果差错额为负数，说明少记了金额，则用差错额除以 9、99、999……得出的数字就是错记金额，除以的是几个 9，就是向后错了几位。

你掌握了这些技巧了吗？

201

"9"在会计中真是一个奇妙的数字，上面两位数与其倒数的差数和三位数字与其倒数的差数是9的倍数，数字与其移位后的数字的差数也是9的倍数，现在你不妨试一试数字记录颠倒的结果是不是也和9有关，比如将123错记成了321，将4 567错记成了7 654，将34 789错记成了98 743······这些差数是不是都是9的倍数？不过最常用的还是前面介绍的三种情况。

你再试试变几个关于9的小魔术，就是：

12 345 679分别乘以9、18、27等9的倍数，它们会是一组很奇妙的数字。

请你务必掌握"除九法"。

如果差错数不能被9整除的话，你就应当考虑是其他原因造成的差错了，采取其他的找错方法。

3. *差数法*

也就是根据错账差数直接查找错账的方法。

适用于差数法查账的情况有以下两种：

（1）漏记或重记

在我们的实际工作中，因为记账疏忽而漏记或重记一笔账也是经常会出现的错误。这时差错的金额实际上就是漏记或重记的金额，只要直接查找关于差数的账就可以了。若是正数差，说明是重记了业务，查找相同的记录就可以了；如果是负数差，说明是漏记了业务，可以从有勾稽关系的账簿中查找有差数金额的业务，这样比起从会计凭证中查找会简单一些。重记或漏记错账最容易发生在本期内同样数字的账发生了若干笔的情况，所以我们在介绍如何记账时，强调在记账后一定要及时在相应的会计凭证上标上过账符号，目的就是为了有效地防止漏记或重记的发生。

（2）串户

串户可分为两种情况：记账串户和科目汇总串户。

①记账串户。

这时候通常会同时有两个账户出现方向相反、金额相同的差值。

比如错将借记"应收账款"的 2 000 元计入了"应付账款",则"应收账款"的借方余额会短缺 2 000 元,而"应付账款"的贷方余额会短缺 2 000 元。

再如将 A 公司偿还的货款 5 000 元,错记入了 B 公司的账户。则"应收账款——A 公司"的借方余额会多出 5 000 元,而"应收账款——B 公司"的借方余额会短缺 5 000 元。

所以当出现两个账户差额相同、方向相反时,应考虑是串户造成的。

②科目汇总串户

也就是在编制科目汇总表时,汇错了账户。这时,同样会出现两个账户出现相同差值,一多一少的情况。

比如错将应收账款的 1 000 元汇总计入应收票据,则应收账款的总账会比明细账少 1 000 元,而应收票据的总账金额会比明细账多 1 000 元。

所以,当总账和明细账核对时,如果出现差额相同、方向相反的情况时,如果不是串户,一般就是编制科目汇总表时串户了。

4. 象形法

是不是经常听人们说,当会计真麻烦,经常为了一分钱不平,熬上一个通宵找错。是的,在核对账目时,遇到仅相差几分钱的错账是最让人头疼的。这类错账一般来说是数字形状相像,记账时误读而发生的。如果出现了这类错账,你可以采用"象形法"来查找,也就是从一些容易看错,容易误读的数字上查找。

怎样利用"象形法"查找错账也有一定的规律可循:

(1)如差数是 1 可能是 3 与 2,5 与 6 的误读。

(2)如差数是 2 可能是 3 与 5,7 与 9 的误读。

(3)如差数是 3 可能是 3 与 6,6 与 9 的误读。

(4)如差数是 4 可能是 1 与 5,4 与 8 的误读。

(5)如差数是 5 可能是 1 与 6,2 与 7,3 与 8 的误读。

(6)如差数是 6 可能是 0 与 6,1 与 7 的误读。

不过这是一般情况下人们常犯的错误,具体情况还要根据人们不同的数字书写习惯而定，不同的人书写出的数字形状、字体各有不同，其被误读的情况也会有所不同。所以一定要练好数字的书写关，确保书写出的数字既不会被人更改，也不会被人误读，从而从根源上为自己和别人避免以后的麻烦。

当碰上连续很多相同的数字的时候，你是不是必须用心地特意点数一下，否则很可能会多记或少记？比如 555 550,666 666 606 我们可能会误读为 555 555，666 666 666，所以多记或少记连续相同数字中的数，或者误读了中间相似数字的数，也是容易出现的错账。

记住，当你发现差数为 5 或 60 等一位或整十、整百、整千等的数字时，恰好有存在连续数字的账时，你不妨与凭证核对一下，是不是有类似的误读问题。

说起来容易，做起来是不是很难，所以我们这本书的开篇便是教你如何正确地填制会计凭证，其中数字的书写尤其重要，如果书写不规范，就很可能给自己或别人带来很大的麻烦，就像现在我们需要熬夜查账找错一样。在记账时，更是要认真仔细，要牢记"记账容易查账难"。

5. 追根法

还记得我们前面学过的平衡公式吗？

期初余额 + 本期增加 − 本期减少 = 期末余额

追根法就是利用这个平衡原理。

试想一下，如果经过核对，账簿中的本期发生额没有问题，但是期末余额就是无法试算平衡，那么唯一的原因就是——

期初余额不平。

所以这时候你不妨去试算一下你的期初余额，看是不是问题出在了期初余额上。

我们知道，很多账簿是需要随时结出余额的，假如期初余额存在问题，会给我们带来可想而知的麻烦，所以与其等到期末对账时"追查"至期初余额，不如在完成期初开账之时就先进行一次试算平衡，以避免以后可能出现的麻烦。

记住：在期初开账时，不要以为数字是直接从前期的账簿中转来的，就不会出错。一定要别怕麻烦，开完账后先进行一次试算平衡，这样会省去你以后可能出现的很多麻烦。

6. 母子法

这实际上是一个如何发现错账的技巧问题，就相当于我们前面学习的"对账"，既然有的人提到了这种方法，我们也不妨了解一下。

所谓"母子法"也就是当总账和明细账的金额不符时，以总账为母账、以明细账为子账查找差错的方法。

还记得我们前面讲过的"账簿设置与平行登记"吗，当时还专门用图示（见图6-5）的方法演示了一下总账与二级分类账、明细账的关系，即：

总账的期初余额 ＝ 所属二级分类账的期初余额之和 ＝ 所属明细账的期初余额之和

总账的本期发生额 ＝ 所属二级分类账的本期发生额之和 ＝ 所属明细账的本期发生额之和

总账的期末余额 ＝ 所属二级分类账的期末余额之和 ＝ 所属明细账的期末余额之和

还有，我们在前面介绍总账的登记时，建议采用"科目汇总表会计处理程序"，因为一是可以减少记账的工作量，二是在编制科目汇总表时可以进行试算平衡，初步验证正误。所以当总账与明细账不符时，一般情况下应当先考虑是不是明细账出现了问题，然后采用前面的"除二法"、"除九法"、"差数法"、"象形法"等查找错账。

如总账比明细账多出了 2 132 元，因为不是 9 的倍数，不是单一数字，但是 2 的倍数，所以很可能就是重记或漏记（除二法），或者串户（差数法）造成的。

7. 顺查法

"顺查法"和"逆查法"实际上是关于查账程序的问题。

先了解一下"顺查法"和"逆查法"的含义。

205

还记得我们会计核算的基本程序吗？填制与审核凭证→登记账簿→编制报表，如果按照这种"证→账→表"的程序进行查账，就是"顺查法"；反之，如果是按照"表→账→证"的顺序查账就是"逆查法"。

"顺查法"几乎相当于重新记了一遍账。所以它的优点是全面系统，质量可靠，易于查对，易于发现漏记问题；缺点是不易抓住重点，工作量大，效率低。在我们的会计纠错中，顺查法有助于发现"漏记"（有证无账）问题。

"逆查法"则是建立在对数据进行分析后，从有可能出现错误或舞弊的项目入手，反向追溯到账证。所以它的优点是重点突出，范围明确，工作量小，效率高；其缺点是容易遗漏问题。在我们的会计纠错中，逆查法有助于发现"多记"（有账无证）问题。

前面讲过的查账方法都是直接从账入手，大多是利用账账之间的勾稽关系来寻找差错，实际上就是采用的"逆查法"，由"账"追溯到"证"。当你使用上述方法都无法成功时，你就只好选择"顺查法"了。也就是像重新记一遍账一样，将凭证和账簿记录一笔一笔核对，稍有不慎，还可能会犯误读的错误，所以说"顺查法"是无奈之举。

（三）查错方法的恰当选择

为了能较快地查出错账，我们就必须在各种查找错账的方法和程序上进行优选。

1. 查账方法的优选

前面我们学习了很多种查找错账的方法，有易有难，如"除二法"、"除九法"、"差数法"都相对比较容易，但"象形法"、"顺查法"相对就比较难。所以当有两种或以上查账方法可供选择时，应当本着"先易后难，先逆查后顺查"的原则进行。

2. 查账程序的优选

刚才我们说过了，一般我们应当首选"逆查"的方法查找错账。现在假设我们的资产负债表不平衡，出现了 2 000 元的差值，我们应当按照什么顺序来查呢？建议你采用按时间顺序由前至后的顺序查找。先按照"追根法"的思路验证一下期初是否存在问题，再分时间段由前向后分步进行试算平衡查找错账。这样既可以缩小工作目标，又可以井然有序地工作，从心理上减轻查找错账的压力，消除烦躁，更便于集中精力，提高效率。

（四）怎样预防错账的发生

与其亡羊补牢，不如防患于未然。无论你对查找错账的技巧掌握得如何熟练，总不如没有发生错账更好。所以，查错是我们的无奈之举，防错才是我们平时工作的根本。在我们前面学过的会计知识中，每一个环节都讲到了一些注意点，而那些注意点其实就是我们防错的一把把金钥匙，现在我们一起来整理一下：

1. 加强复核工作

无论是根据原始凭证填制记账凭证，还是根据记账凭证登记账簿，以及后面要学到的根据账簿记录编制会计报表，每一个环节都必须有独立于制证、记账、编表的会计人员的复核人员进行复核，而且要求复核人员的业务能力应当是强于被复核人员，这实际上就像产品出厂前的质检一样，就是要从业务发生之初做好防范工作，避免错误与舞弊的发生，比如现在很多大公司都设有直接隶属监事会的"审计委员会"，负责对公司的以会计业务为核心的各项经济业务进行内部审计，就是要通过这种"自我复核"，有效地防止错误和舞弊的发生。

2. 规范书写

在介绍查找错账的方法时曾经说过，"象形法"是专门针对误读产生的错账而采取的找错方法，也是最让人头疼的一种查错法，因为当初误读，现在还可能误读，而误读的根源就是数字书写不规范。所以再次强调，作为会计人员一定要练好数字的书写关，确保书写出的数字既不会被人更改，也不会被人误读，从而从根源上防止错账的发生。

3. 精力集中

当你边聊天边写东西时，是不是经常会发生"笔误"？所以我很欣赏一家会计师事务所办公室里的标语——"安静的环境就是对别人工作的尊重"。因为审计工作需要敏捷的思维和清晰的思路。其实，会计工作同样需要有一个相对安静的环境才能保证注意力的集中，所以当你或别人在制证、记账、算账、编制报表时最好不要闲谈，否则就有可能犯反向、移位、颠倒、错字、错格、串户等差错。

三、更正错账

（一）结账前发现的错账

如果在期末结账之前发现了错账，并且采用我们刚刚学过的查找错账的方法找出了错误之所在，注意严禁采用挖（刮）、擦、涂、补的方式更正，而应当按照以下介绍的错账更正方法进行错账的更正。

1. 画线更正法

当记账凭证没有错误，但记账时发生笔误的时候，可以采用这种方法更正错账。

具体做法是：在需要更正的文字或数字上画一道红线，表示注销，然后在红线上方书写正确的文字或数字。注意原来的错误文字或数字必须清晰可见，并且要由更正人员在更正处的空白处盖章，以明确责任。如果是更正文字，可以只更正错误的文字就可以了；如果是更正数字，则必须把该笔数字全部注销，重新书写正确金额，切不可只画销更改个别数字。我见过一个班的学生，在采用画线更正法更正错账时，直接就用红笔书写金额，解释说既方便又醒目，这显然是错误的，一定要记住在我们的会计核算中，红字表示的是负数，所以用红字更正就等于把正的金额写成了负值，千万不要犯这种低级的错误。下面我们用几个图示来直观地学习一下如何使用画线更正法更正错账。

（1）文字错误，数字正确

如将"李明报销差旅费"错写成了"李萌报销差旅费"。

更正方法如图 6-24 所示。

图 6-24 画线更正法图示 1

（2）数字错误

如将"2 336"误写为"2 386"。

更正方法如图 6-25 所示。

图 6-25 画线更正法图示 2

注意：不能只将"8"更改为"3"。

（3）方向记错

则在误记的金额上画红线注销，同时再在正确方向上补记正确数字。

假设错把借记应收账款 2 000 元，记到了贷方，则应当更正如图 6-26 所示。

图 6-26 画线更正法图示 3

（4）串户

如错将"应付账款——A公司"的5 000元，记到了"应付账款——B公司"的账上。则应将错误账户"应付账款——B公司"的金额画线注销，并盖章，同时在"应付账款——A公司"账上补记正确金额即可。如图6-27所示。

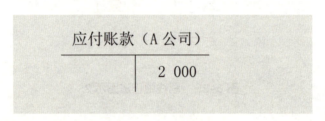

图6-27　画线更正法图示4

（5）结错余额

余额结错实际上属于数字错误的一种，其更正方法与"（2）数字错误"相同，不过若该错误影响到了多行余额，应逐一更正。

画线更正法会非常影响账面的美观、整洁，所以如果错误金额较多，或者影响了多行余额，需要更改很多数据时，通常人们会更换账页或账簿，重新做一遍账，但显然费时费力费财，因此利用"小计"、"过次页"等分时段、分页次地核对、验算是非常有必要的。

2. 补充登记法（补记差额法）

当发现记账凭证的科目使用正确，但金额小于应记的金额时，可以采用"补充登记法"进行更正。

如本月应计提的利息费用为3 000元，却错误地填制了以下内容的记账凭证：

借：财务费用——利息支出　　300

　　贷：应付利息——××银行　　　300

科目没有错误，只是少记了 2 700 元，那么根据这张记账凭证登记的账簿当然就会少记 2 700【3 000﹣300】元。这时候我们就可以采用"补充登记法"进行更正。

具体做法是：

再编制一张与原记账凭证科目方向相同，但金额为需要补记的金额的记账凭证，示范如下：

摘要：补充登记 × 月 × 日 × 号凭证少记金额

分录：

借：财务费用——利息支出　　2 700

　　贷：应付利息——××银行　　　2 700

更正后的效果如图 6-28 所示。

财务费用		
计提借款利息	300	
补充登记少计金额	2 700	
合计	3 000	

应付利息		
计提借款利息		300
补充登记少计金额		2 700
合计		3 000

图 6-28　补充登记法图示

就像图 6-28 所示一样，经过对差额的补充，账簿上的记录就从总额上恢复成了正确的金额 3 000 元。

3. 红字冲账法

我们知道，在会计上红字代表的是负数，所以采用红字更正法的原因，一是金额记多了，需要冲（减）去多记的差额，或者是想着全部冲销后，一切重新再来。这种方法适用于记账凭证错误导致的记账错误。

红字冲账法包括两种，即全额冲账法和差额冲账法，其在适用范围和具体做法上均有所差别。

（1）全额冲账法

无论是科目使用错误、记账方向错误、科目汇总差错，还是金额记错，只要是由于记账凭证的错误而导致的错账，都可以采用这种方法更正错账。所以它的适用范围最广。

具体做法是：

第一步：先填一张与错账所依据的记账凭证内容相同，但金额为红字的记账凭证，并且据以登记账簿（账簿金额也是红字），并在凭证和账簿的摘要栏注明"冲销×月×日×号凭证错误"。这样一正一负相抵后，就把原来的错误记录冲平了。

第二步：假设一切重来，再根据实际的经济业务情况，用黑字（蓝字）填制一张正确的记账凭证，并据以登记有关账簿。所不同的是，需要在摘要栏注明"更正×月×日×号凭证错误"。同时一定要注意在原错误的记账凭证和账页记录上加注"已在×月×日×号凭证更正"，防止重复更正。

如前例的补充登记法，也可以采用全额冲账法，示例如下：

第一步：红字冲销

冲销×月×日×号凭证错误

借：财务费用——利息支出　　　　 300

　　贷：应付利息——××银行　　　　　　 300

注：在会计书写中，如果没有红笔，可以用加框数字代表红字，即 300 。

第二步：重新制证、记账

更正×月×日×号凭证错误

借：财务费用——利息支出　　　　 3 000

　　贷：应付利息——××银行　　　　　 3 000

记账如图 6-29 所示

财务费用		
计提借款利息	300	已更正
冲销错账	（300）	
更正错误	3 000	
合计	3 000	

应付利息		
计提借款利息	已更正	300
冲销错账		（300）
更正错误		3 000
合计		3 000

图 6-29　全额冲账法图示 1

再举一个科目使用错误的例子。

例如销售部门报销办公费 800 元，错记成了

借：管理费用——办公费　　　800

　　贷：库存现金　　　　　　　　　　800

则可用如下方法更正：

第一步，红字冲销：

冲销 × 月 × 日 × 号凭证错误

借：管理费用——办公费　　　800

　　贷：库存现金　　　　　　　　　　800

第二步，重新制证、记账：

更正 × 月 × 日 × 号凭证错误

借：销售费用——办公费　　　800

　　贷：库存现金　　　　　　　　　　800

213

记账如图表 6-30 所示.

管理费用		
报销办公费	800	已更正
冲销	（800）	
合 计	0	

库存现金		
报销办公费	已更正	800
冲销		（800）
更正错账		800
合 计		800

销售费用		
更正错账	800	
合 计	800	

图 6-30　　全额冲账法图示 2

（2）差额冲账法

当记账凭证的科目及记账方向均没有错误，但是金额多记了时候，应当采用这种方法更正错账。

具体做法是：

再编制一张与原记账凭证科目方向相同，但金额为需要冲减的金额的红字的记账凭证，示范如下：

如本月应计提的利息费用为 300 元，却错误地填制了以下内容的记账凭证：

借：财务费用——利息支出　　　　　 3 000

　　贷：应付利息——××银行　　　　　　 3 000

科目没有错误，只是多记了 2 700 元，那么根据这张记账凭证登记的账簿当然就会多记 2 700【3 000 - 300】元。这时候我们就可以采用"差额冲账法"进行更正。

具体做法是：

摘要：冲回 × 月 × 日 × 号凭证多记金额

分录：

借：财务费用——利息支出　　　　2 700

　　贷：应付利息——×× 银行　　　　　　　2 700

更正后的效果如图 6-31 所示。

财务费用			应付利息		
计提借款利息	3 000	已更正	计提借款利息	已更正	3 000
冲回多记金额	（2 700）		冲回多记金额		（2 700）
合计	300		合计		300

图 6-31　差额冲账法图示

以上是最常用的、规范的错账更正方法，但有时人们也会采用下面这种错账更正方法：

4. 补结余额法

还记得我们在前面介绍"画线更正法"时提到，假如某一笔业务的余额结错，可能会导致后面很多余额都需要更正，既繁琐又不美观，还会影响到账簿的清晰度，所以人们有时就干脆换一页（本）新账，但重新记账费时费力费财，"补结余额法"就是针对这种情况而采取的变通方法。即直接在摘要栏中说明"× 月 × 日错结余额多少，特更正"，然后结出正确余额。但这不是规范的错账更正方法，建议采用前三种规范的错账更正方法。

以上介绍的是手工记账环境下错账的更正方法，如果实行了会计电算化，"全额冲账法"应当是最常用、最方便使用的错账更正方法。

（二）结账后发现的错账

这种错账一般是从记账凭证上就出了错误，以至于总账与明细账（日记账）核对时没有发现问题，因为小企业对会计政策变更、会计估计变更和会计差错更正均采用的是"未来适用法"进行会计处理。所以对于发现的前期会计差错，企业不需要调整财务报表相关项目的期初数，但应当调整发现当期与前期相同的相关项目。属于影响损益的，应直接计入本期与上期相同的相关项目（如发现上年度少记了 1 000 元的收入，可以直接计入本期的收入就可以了）；属于不影响损益的，应调整本期与前期的相关项目（如漏记了一笔：借：原材料 2 000.00，贷：应付账款 2 000.00 的业务，则直接补充记入"原材料"和"应付账款"就可以了）。

而大中型企业对于重要的前期差错，采用的是"追溯调整法"进行更正，难度很大。

如果账簿中不幸出现了跨年度错账，怎么办？

我在教学生如何调整审计中发现的错账时，给他们总结了一个小技，现在你不妨也试试：

如果你业务不是很熟练，不妨把应当记账的正确分录和已经记账了的错误分录同时列出来，然后找出有没有相同科目，如果有将正确的金额和错误的金额相抵，算出剩余金额，然后按照这样的规律编制调整分录就可以了——

正确分录一方剩下的科目和余额，直接按照其借贷方向和金额抄写就可以了；而错误分录一方剩下的科目和余额则需要借贷"反向"抄下来。

这种方法很笨拙，但很简单，也很有效。等你业务熟悉了，就不需要这种笨拙的方法了。

我们一起来试一下：

比如 2013 年 11 月份购入了一台厂部办公用计算机，原值 3 600 元，税法规定的电子设备的使用年限为 3 年，采用平均年限法计提折旧，假设没有净残值。但公司直接将其计入了 2013 年 11 月份的管理费用。则：

正确的处理是：

2013 年 11 月，购入计算机时

借：固定资产   3 600

    应交税费——应交增值税（进项税额）   612

    贷：银行存款   4 212

2013 年 12 月份，应计提折旧 $\frac{3600}{3 \times 12} = 100$ 元（设备购入当月，不需要

计提折旧）

借：管理费用　　　　<u>100</u>

　贷：累计折旧　　　　100

公司错误的处理是：

借：管理费用　　　　　　　　　　　　　　　　<u>3 600</u>

　　应交税费——应交增值税（进项税额）　　~~612~~

　贷：银行存款　　　　　　　　　　　　　　　　<u>4 212</u>

你现在试着按我所说的方法销一下金额，会发现如下结果：

"固定资产"正确分录借方余额为 3 600；

"银行存款"和"应交税费"正误记录相同，抵消后余额为 0；

"管理费用"抵消后，错误分录的借方余额为 3600–100=3 500 元；

"累计折旧"的正确分录的贷方余额为 100 元。

按照正确分录方向不变，错误分录方向相反的规则，调整分录就应
当是：

借：固定资产　　　　3 600

　贷：管理费用　　　　3 500

　　累计折旧　　　　　100

你不妨把错误分录和调整分录模拟记一下账，这样调整后的结果是
不是正好是按正确分录记账后的结果？

你最好试一试。

如果经过账账核对、账证核对、账实核对，差错都已经处理了，你
就可以结账了。

四、结账和更换新账

（一）结账的方法

是不是经常听会计人员说，忙着期末结账呢！所以你已经知道了，
结账工作应当是在期末进行的。也就是在我们把一段时期内发生的经济

业务全部登记入账，并经过"对账"之后，确保账簿记录无误后，算出各账户的本期发生额合计及期末余额（实际上这些工作在对账时已经做了，这儿只是要正式记录下来），按照规定的方法（比如划线）表明账簿已经结清的工作。

如果你留意了前面我所给出的日记账、明细账、总账的图例（你不妨现在返回去再看看），你会发现当摘要栏中写有"小计"、"本月合计"等内容时，我们选用了醒目的红色字体，同时在它的上方或下方会画有红色的直线。其实，这就是标明结账了。发生额和余额的计算我们已经熟悉，所以怎样画线，就是我们现在要学习的内容了。

1. "小计"一般是在计算出本时间段的发生额、余额之后，在"小计"行的下方画一条通栏单红线，注意一定是"通栏红线"（如图6-6所示）。

2. 对于全月发生了不止一笔经济业务的账户，月末需要计算出全月的发生额合计以及期末余额，这时，应当在"最后一笔"经济业务的记录下方画一条通栏单红线，表示至此该月份所有的经济业务均已经登记入账了，然后在下一行用红字写上（一般是用红色印油盖章）"本月合计"，结出本月发生额合计以及期末余额，再在下面画一条通栏单红线就可以了（如图6-13所示）。

3. 如果全月只发生了一笔经济业务，结账时只需要在该笔经济业务的记录下方画一条通栏单红线与下月的记录分开就可以了（如图6-32所示）。

4. 需要结计"本年累计"的账户（如图6-20和图6-33所示），则需要在最后一笔经济业务的下方画一条通栏单红线，并在下一行写上"本月合计"，结出本月发生额合计和期末余额，再在"本月合计"的下一行写上"本年累计"，结出截至本月止的全年累计发生额合计以及期末余额，再在下面画一条通栏单红线。对于12月份的"本年累计"所反映的实际上就是全年的累计数了，因为单位一般每年都要更换新账，所以年结时，应在"本年累计"行下划一条通栏"双红线"，表示全年的账都已经结了，即封账了（如图6-33所示）。

5. 年底结账后应将余额逐笔结转至下一年度开设的新账之中。

| | | 总页号 | 分页号 |

累计折旧明细账　　　　一级科目　**累计折旧**
　　　　　　　　　　　　　　　　　　子目或户名　＿＿＿＿＿

2014年		凭证		摘 要	借 方	核对	贷 方	核对	借或贷	余 额	核对
月	日	种类	号数								
1	1			期初余额					贷	486 000.00	
1	31	×	×	计提折旧			23 000.00		贷	509 000.00	
2	28	×	×	计提折旧			23 000.00		贷	532 000.00	
3	31	×	×	计提折旧			23 000.00		贷	555 000.00	
				………						………	
				过 次 页							

图 6-32　　结账示意图 1

| | | 总页号 | 分页号 |

主营业务收入明细账　　　　一级科目　**主营业务收入**
　　　　　　　　　　　　　　　　　　子目或户名　**甲产品**

2014年		凭证		摘 要	借 方	核对	贷 方	核对	借或贷	余 额	核对
月	日	种类	号数								
1	3	×	×	销售给A公司			86 000		贷	86 000	
1	5	×	×	销售给B公司			93 000		贷	179 000	
1	16	×	×	销售给C公司			42 000		贷	221 000	
1	23	×	×	销售给A公司			100 000		贷	321 000	
1	25	×	×	销售给C公司			60 000		贷	381 000	
1	30	×	×	期末结转	381 000				平	0	
1	31			本月合计	381 000		381 000		平	0	
1	31			本月累计	381 000		381 000		平	0	
2	5	×	×	销售给A公司			50 000		贷	50 000	
				………	………		………			………	
12	31	×	×	期末结转	420 000				平	0	
12	31			本月合计	420 000		420 000		平	0	
12	31			本月累计	4 850 000		4 850 000		平	0	
				过 次 页							

图 6-33　　结账示意图 2

可能你见到有的会计做的账在每一个摘要内容类似"合计"的上下方都画上红线，结果账簿看上去"满目红线"，其实没有必要，太多的红线会让账簿看上去不够美观。记住，你只需要在最后一笔经济业务下面画一条红线，表示本期业务至此已经全部记录在账，在最后一个类似"合计"的行次下方画上通栏的红线（单红线或双红线）表示完成结账工作就可以了。

你可能会问，如果在不该画红线的地方画了红线怎么办？

很简单，在红线两端各打一个"×"，表示该红线不需要，并加盖记账员的私章就可以了。

（二）更换新账

大多数单位每年要更换新账，将上年度的各账户余额结转到新账簿，称为"开账"。具体的开账方法如下：

1. 正确填写"账簿启用及交接表及账户目录"。

2. 正确贴花。即正确地粘贴印花税票。按照税法规定，除不记载金额的登记簿、统计簿、台账等以外，其余账簿均应当按规定贴花。

一般账簿是每册 5 元，贴在账簿扉页启用表的右上角，并在印花税票中间画两条出头的横线，以示注销。

记载资金的营业账簿，应按"实收资本（或股本）+ 资本公积"的 0.5‰ 贴花，注意如果原来的账簿中已经贴过花了，则只需要就两项的合计金额大于原已贴花资金的部分补贴印花就可以了。

比如某公司的"实收资本"与"资本公积"的合计金额是 1 000 万元，则在首次启用时，应贴的印花税为 $10\,000\,000 \times 0.5‰ = 5\,000$ 元；第二年如果没有新增实收资本（或股本）及资本公积，就不需要重新贴花了；在某一个年份，假如"实收资本"和"资本公积"的合计金额增加到了 1 500 万元，即新增了 500 万元，就需要补贴 $5\,000\,000 \times 0.5‰ = 2\,500$ 元的印花税了。

如果贴花额超过了 500 元，粘贴印花税票不方便的，可以采用缴款书或完税证代替贴花，在账簿扉页上注明"印花税已缴"及缴款金额。

缴款书作为记账凭证的原始凭证登记入账。

3. 如果新旧年度的会计科目名称、内容均没有发生变化，可以直接将上一年度的各账户余额记入新账，在摘要栏中注明"上年结转"，并在上年度的账簿的年结下面注明"结转下年"。如果一个账簿中期末余额涉及多笔业务，注意一定要逐笔抄录，不能只抄总数，特别是债权债务等结算类账户，一定要逐户抄列清楚，以便于清算。

4. 如果新旧年度的会计科目名称发生了变更，应注意要加以说明。在上年度的账簿末行的摘要栏内注明"过入下年度 ×× 科目"，同时在新账簿的第一行摘要栏内注明"上年度 ×× 科目转来"。

如"现金"改为了"库存现金"，就应当在上年度的账簿末行的摘要栏内注明"过入下年度库存现金科目"，同时在新账簿的第一行摘要栏内注明"上年度现金科目转来"。

5. 如果是科目内容发生了变更，如出现了合并或分设，则应当先编制新旧科目分析对照表，然后根据对照表开设新账，并将对照表附入资产负债表作为会计档案存查。

如由于公司规模扩大，改为按照《企业会计准则》核算，因此本年度将"包装物"和"低值易耗品"合并为了"周转材料"，如果上年度二者的余额分别是 50 000 元和 60 000 元，则在新账中的上年结转（期初余额）中应合并反映为 110 000 元，同时将编制的新旧科目分析对照表附入资产负债表存查。

第1步
第2步
第3步
第4步
第5步
第6步
第7步
第8步
第9步
第10步

7

学会编制财务报表

真账　实操：
企业会计轻松做

学习了制证、记账、对账、结账，现在终于到了会计工作流程的最后一个环节——编制财务报告了。说实话，书写到这儿，我真的是长长地舒了一口气，一年的耕种，春夏的孕育，终于看到了金色的秋天。你读到这儿的时候，是不是也有同样的感觉？

任务一 了解财务报表的种类与作用

一、财务报表的作用

知道为什么要记账吗？是因为要通过账簿把零散的由凭证记录下来的经济业务分类整理，使其更清晰明了。但厚厚的账簿记录同样显得太过零散，财务报表实际上就是把这些零散的账簿记录进行进一步加工整理，使所有关注企业财务信息的人，都能够通过几张简单的表格及其附注从总体上了解到企业的基本情况。你明白为什么要编制财务报表了吧。因为财务报表是对小企业财务状况、经营成果和现金流量的结构性表述。

而伴随着工商登记制度的改革，要求企业必须按规定披露财务报表，所以企业的会计报告将会越来越受到社会重视。

我接触过一些会计人员，有的甚至自傲于自己是某公司的财务总监，所谓熟谙会计造假之术，他们很多人认为编制财务报表只是为了应付工商税务以及主管部门检查的，而且最感自豪的竟然是给公司同时做了很多套假账，针对不同的部门出具不同的财务报表。我不敢盲目崇拜，因为这样的财务总监看到的只是眼前的蝇头小利，固然可以通过一些违法的手段给公司带来短期利益，但忽视了违法成本的存在，在信息化程度越来越高的今天，这样的财务总监最终给公司带来的必然是信用的丧失、巨额的罚款，甚至是最终的消亡，当然也正在把自己推向犯罪。

作为会计人员，应当知道需要阅读财务报表，从中获取所需信息的绝对不只是工商税务，企业管理者需要了解企业的经营业绩以及未来的预测，投资者需要了解企业的价值成长，债权人最关心的是企业的偿债能力；政府有关部门会关注企业的足额纳税以及对国家宏观调控的影响，员工会关心自己的收入及职业的安全状况……其实有很多双眼睛在阅读着会计人员出具的财务报表，而他们当中，也不乏会计方面的专家。所以，不需要做假账的会计才是真正的好会计，好会计应当通过自己优秀的业务能力、综合的知识构架，来协助管理层理好财，就像我们开篇所说，财务部门是为其他职能部门输送血液的一个部门，如果会计人员能够通过合理的资金调度，保证企业运转良好，自然就可以使一份报表满足多方需求。

记住，当企业一旦初步长成，关心它的人就会随之增加，你要及时抛弃"幼儿时期"会计报表可以随意编制的"童话"，学会只编一套财务报表。

二、财务报表的种类

按照《小企业会计准则》的规定，小企业需要对外提供的财务报表包括"资产负债表"、"利润表"、"现金流量表"和"附注"。而在《应用指南》中解释道：小企业应当对外提供"资产负债表"、"利润表"和"附注"，也可以编制"现金流量表"。因此，我们必须掌握的应当是"资产负债表"、"利润表"和"附注"的编制方法，但也要了解"现金流量表"的编制方法。

除了对外必须提供的报表之外，作为老板和公司经理人，一定也需要了解企业的营运成本情况，所以，会计人员也应当懂得如何编制成本报表。

小企业财务报表的种类和编报期见表 7-1。

表 7-1　　　　　　　　　　小企业需要编制的会计报表

编号	报表名称	编报期	格式要求	类型	是否必报
会小企 01 表	资产负债表	月报、年报	统一格式	对外报表	必报
会小企 02 表	利润表	月报、年报	统一格式	对外报表	必报
会小企 03 表	现金流量表	月报、年报	统一格式	对外报表	建议报
	成本报表	根据需要	自行设计	对内报表	非必报

 任务二　编制资产负债表

资产负债表是用来反映企业某一特定日期财务状况的会计报表。属于静态报表。其编制依据是"资产 = 负债 + 所有者权益"这一平衡公式。其格式见表 7-3。

编制该表的目的是帮助管理层和利害关系人从整体上了解企业资产的分布情况、负债的构成情况，主要可以为分析企业的偿债能力指标提供依据。

下面我们结合实例来学习一下如何编制资产负债表。

假设博飞科技有限责任公司 2014 年 12 月 31 日的科目余额情况如表 7-2 所示，所有资产和负债均等于计税基础，即无需按税法调整的项目，则其资产负债表的各个项目的编制方法为：

1. 货币资金：根据"库存现金"、"银行存款"总账的期末余额合计数填列。本例为 2 000+93 699.98=95 699.98。

2. 短期投资：直接根据短期投资总账余额填列。本例为 0。

3. 应收票据：根据该科目期末余额填列。本例为 66 000。

4. 应收账款：根据"应收账款"和"预收账款"科目所属明细科目的期末借方余额合计填列。本例为 35 000+37 000+2 000=74 000。

5. 预付账款：根据"预付账款"和"应付账款"科目所属明细科目的期末借方余额合计填列。本例为 20 000+5 000=25 000。

6. 应收利息：根据该科目期末余额填列。本例为 0。

7. 应收股利：根据该科目期末余额填列。本例为 0。

8. 其他应收款：根据该科目期末余额填列。本例为 5 000。

9. 存货：根据"在途物资"、"原材料"、"库存商品"、"包装物"、"低值易耗品"、"生产成本"等科目的期末余额合计填列。本例为 75 000+411 327.50+18 050+758 946=1 263 323.50。

10. 其他流动资产：反映除上述流动资产外的其他流动资产。本例为 0。

11. 长期债券投资：根据该科目期末总账余额填列。本例为 0。

12. 长期股权投资：根据该科目期末总账余额填列。本例为 0。

13. 固定资产原价：根据固定资产科目总账余额填列。本例为 567 890。

14. 累计折旧：根据累计折旧科目总账余额填列。本例为 57 800。

15. 固定资产账面价值：根据固定资产期末余额减去累计折旧期末余额填列。本例为 567 890−57 800=510 090。

16. 固定资产清理：根据该科目总账余额填列。本例为 0。

17. 生产性生物资产：根据该科目余额减去生产性生物资产累计折旧余额后的净额填列。本例为 0。

18. 无形资产：根据该科目余额填列。本例为 54 000。

19. 长期待摊费用：根据该科目期末余额填列。本例为 0。

20. 其他非流动资产：根据有关科目的期末余额分析填列。本例为 0。

21. 资产合计 = 流动资产合计 + 非流动资产合计

22. 短期借款：直接根据该科目总账余额填列。本例为 180 000。

23. 应付账款：根据明细科目余额计算填列。该项目应根据"应付账款"和"预付账款"两个科目所属的相关明细科目的期末贷方余额合计数填列。本例为 54 200+36 000=90 200。

24. 预收账款：根据明细科目余额计算填列。该项目应根据"预收账款"和"应收账款"两个科目所属的相关明细科目的期末贷方余额合计数填列。本例为 20 000+12 300=32 300。

25. 应付职工薪酬：直接根据该科目总账余额填列。本例为 118 505。

26. 应交税费：根据该科目总账余额填列。本例 97 000。

27. 应付利息：根据该科目总账余额填列。本例 7 200。

28. 应付股利：根据该科目总账余额填列。本例 146 000。

29. 其他应付款：根据总账余额填列。本例 650。

30. 其他流动负债：根据有关科目的期末余额分析填列。本例为 0。

31. 长期借款：根据该科目总账余额填列。本例为 200 000。

32. 递延收益：根据该科目总账余额填列。本例为 0。

33. 其他非流动负债：根据有关科目的期末余额填列。本例为 0。

34. 负债合计 = 流动负债合计 + 非流动负债合计。

35. 实收资本：根据该科目总账余额填列。本例为 1 000 000。

36. 资本公积：根据该科目总账余额填列。本例为 0。

37. 盈余公积：根据该科目总账余额填列。本例为 37 000。

38. 未分配利润：根据"利润分配——未分配利润"明细科目余额填列。本例为 184 258.48。

39. 负债和所有者权益总计 = 负债合计 + 所有者权益合计

40. 年初余额：该栏内容直接根据上年度的年末数填列即可。

表 7-2   科目余额表

2014 年 12 月 31 日   单位：元

总账	明细账	借方余额	贷方余额	总账	明细账	借方余额	贷方余额
库存现金		2 000		短期借款			180 000.00
银行存款		93 699.98		应付账款			85 200.00
应收票据		66 000.00			甲公司		54 200.00
应收账款		59 700.00			乙公司	5 000.00	
	A 公司	35 000.00			丙公司		36 000.00
	B 公司		12 300.00	预收账款			18 000.00
	C 公司	37 000.00			丁公司		20 000.00
预付账款		20 000.00			戊公司	2 000.00	
其他应收款		5 000.00		其他应付款			650
在途物资		75 000.00		应付职工薪酬			118 505.00
原材料		411 327.50		应交税费			97 000.00
包装物		18 050.00		应付利息			7 200.00
库存商品		758 946.00		应付股利			146 000.00
固定资产		567 890.00		长期借款			200 000.00
累计折旧			57 800.00	负债合计			852 555.00

续表

总账	明细账	借方余额	贷方余额	总账	明细账	借方余额	贷方余额
无形资产		54 000.00		实收资本			1 000 000.00
				盈余公积金			37 000.00
				利润分配			184 258.48
					未分配利润		184 258.48
				所有者权益合计			1 221 258.48
资产合计		2 073 813.48		负债及所有者权益合计			2 073 813.48

表 7-3 　　　　　　　　　　　　资产负债表

会小企 01 表

编制单位：博飞科技有限责任公司　　　　2014 年 12 月 31 日　　　　单位：元

资产	行次	期末余额	年初余额	负债和所有者权益（或股东权益）	行次	期末余额	年初余额
流动资产				流动负债			
货币资金	1	95 699.98	78 560.00	短期借款	24	180 000.00	0.00
短期投资	2	0.00	0.00	应付账款	25	90 200.00	75 600.00
应收票据	3	66 000.00	56 000.00	预收账款	26	32 300.00	35 000.00
应收账款	4	74 000.00	68 900.00	应付职工薪酬	27	118 505.00	42 600.00
预付款项	5	25 000.00	15 000.00	应交税费	28	97 000.00	2 200.00
应收股利	6	0.00	0.00	应付利息	29	7 200.00	0.00
应收利息	7	0.00	0.00	应付利润	30	146 000.00	0.00
其他应收款	8	5 000.00	4 000.00	其他应付款	31	650.00	560.00
存货	9	1 263 323.50	510 250.00	其他流动负债	32	0.00	0.00

续表

资产	行次	期末余额	年初余额	负债和所有者权益（或股东权益）	行次	期末余额	年初余额
其他流动资产	10	0.00	0.00	流动负债合计	33	671 855.00	155 960.00
流动资产合计	11	1 529 023.48	732 710.00	非流动负债			
非流动资产				长期借款	34	200 000.00	0.00
长期债券投资	12	0.00	0.00	递延收益	35	0.00	0.00
长期股权投资	13	0.00	0.00	其他非流动负债	36	0.00	0.00
固定资产原价	14	567 890.00	365 400.00	非流动负债合计	37	200 000.00	
减：累计折旧	15	57 800.00	5 400.00	负债合计	38	871 855.00	155 960.00
固定资产账面价值	16	510 090.00	360 000.00	所有者权益（或股东权益）			
固定资产清理	17	0.00	0.00	实收资本（或股本）	39	1 000 000.00	1 000 000.00
生产性生物资产	18	0.00	0.00	资本公积	40	0.00	0.00
无形资产	19	54 000.00	60 000.00	盈余公积	41	37 000.00	0.00
长期待摊费用	20	0.00	0.00	未分配利润	42	184 258.48	(3 250.00)
其他非流动资产	21	0.00	0.00	所有者权益（或股东权益）合计	43	1 221 258.48	996 750.00
非流动资产合计	22	564 090.00	420 000.00				
资产总计	23	2 093 113.48	1 152 710.00	负债和所有者权益（或股东权益）总计	44	2 093 113.48	1 152 710.00

会计报表之间的勾稽关系是非常严密的，比如在这张资产负债表中，"未分配利润"看上去是直接根据科目余额表的数据填列的，但还必须和本表中的其他相关数据以及后面的利润表上的数据吻合，即：

184 258.48（未分配利润）=370 508.48（本期净利润，见利润表）–3 250（弥补上期亏损）–37 000（提取的盈余公积）–146 000（对外发放利润）

所以知道假报表并不是很容易编的了吧？因为明眼人很容易通过数据间的勾稽关系发现蛛丝马迹的，所以审计人员在进行审计时，一般都是采用逆查法首先从报表中寻找突破点。

任务三　编制利润表

利润表是反映小企业在一定会计期间经营成果的会计报表。属于动态报表。其编制依据是"**收入 – 费用 = 利润**"这一平衡公式。其格式见表7–5。

编制该表的目的是帮助管理层和利害关系人从整体上了解企业一定会计期间的收入实现情况、费用耗费情况、生产经营活动的成果，即净利润的实现情况，便于会计报表使用者分析判断企业未来利润的发展趋势和获利能力，作出正确的经营决策。

假设博飞科技有限责任公司2014年度的损益类科目累计发生净额情况如表7–4所示，无需按税法调整的项目，则其利润表的各个项目的编制方法为：

1. 主营业务收入：1 256 800.00

2. 主营业务成本：525 000.00

3. 主营业务税金及附加：118 381.20

4. 主营业务利润：1 256 800.00–525 000.00–118 381.20=613 418.80

5. 其他业务收入：2 300.00

6. 投资收益：0.00

7. 其他业务支出：1 800.00

8. 销售费用：42 300.00

9. 财务费用：8 300.00

10. 管理费用：128 000.00

11. 营业利润：613 418.80+2 300.00+0.00–1 800.00–42 300.00–
8 300.00–128 000.00=435 318.80

12. 营业外收支净额：0.00–0.00=0.00

13. 利润总额：435 318.80+0.00=435 318.80

14. 所得税费用：（435 318.80–3 250）×15%=64 810.32

15. 净利润：435 318.80–64 810.32=370 508.48

　　是不是看不明白为什么要减去 3 250 元？这是我特意设计的一个有
前期亏损的例子，你可以阅读一下利润表（表 7–5）的"利润总额"项
目的上期金额，是不是有 3 250 元的负值，这表示上年度有 3 250 元的亏
损，按照税法规定，前期亏损在以后的连续 5 个纳税年度中是可以税前
抵扣的，所以就有了上面的计算公式。

　　你再顺便看一下资产负债表（表 7–3）中的"未分配利润"的年初
余额，是不是也有一个 3 250 元的负值，这说明报表之间是存在一定的
勾稽关系的，内行人是很容易看出其中端倪的，所以，如果你能够做出
不易被发现的"假账"，应当是熟谙财务知识的。

　　之所以在该例题中我专门设计了 3 250 元的可以税前弥补的上年度
亏损和 15% 的低税率（高科技公司适用），还有一个更重要的目的就
是告诉你，做一个好会计必须熟谙税法，其中公司亏损如果通过具有前
瞻性的规划进行合理安排，也可以给企业带来一定的节税利益，这属于
"纳税筹划"的内容之一，以后可以研究一下。多交了税，税务部门是
没有义务提醒你退税的，但少交了，面临的却是巨额罚款。

233

表 7-4　　　　　　　博飞科技有限责任公司损益类科目累计发生净额

2014 年度

科目名称	借方发生额	贷方发生额
主营业务收入		1 256 800.00
其他业务收入		2 300.00
主营业务成本	525 000.00	
其他业务支出	1 800.00	
主营业务税金及附加	118 381.20	
销售费用	42 300.00	
管理费用	128 000.00	
财务费用	8 300.00	
投资收益		0.00
营业外收入		0.00
营业外支出		0.00
所得税费用	64 810.32	
合计	888 591.52	1 259 100.00

表 7-5　　　　　　　　　　　利润表

会小企 02 表

编制单位：博飞科技有限责任公司　　　　2014 年 12 月 31 日　　　　　　　　　　单位：元

项目	行次	本期金额	上期金额
一、主营业务收入	1	1 256 800.00	555 000.00
减：主营业务成本	2	525 000.00	371 000.00
主营业务税金及附加	3	118 381.20	114 240.00
二、主营业务利润	4	613 418.80	69 760.00
加：其他业务收入	5	2 300.00	5 000.00
投资收益	6	0.00	0.00
减：其他业务支出	7	1 800.00	3 660.00
销售费用	8	42 300.00	23 000.00
财务费用	9	8 300.00	1 350.00
管理费用	10	128 000.00	50 000.00
三、营业利润（亏损以"-"号填列）	11	435 318.80	-3 250.00
加：营业外收支净额（亏损以"-"号填列）	12	0.00	0.00
四、利润总额（亏损以"-"号填列）	13	435 318.80	-3 250.00
减：所得税费用	14	64 810.32	0.00
五、净利润（净损失以"-"号填列）	15	370 508.48	-3 250.00

235

任务四　编制现金流量表

现金流量表是反映企业一定会计期间内现金流入和流出情况的会计报表。

这儿的现金是"广义的现金"，包括"库存现金"和"银行存款"。

库存现金：与会计核算中"库存现金"科目所包括的内容一致。

银行存款：是指企业存在金融企业随时可以用于支付的存款，即与会计核算中"银行存款"科目所包括的内容基本一致。区别在于：如果存在金融企业的款项中不能随时用于支付的存款，如不能随时支取的定期存款，不作为现金流量表中的现金；但提前通知金融企业便可支取的定期存款，则包括在现金流量表中的现金范围内。

很多小企业不太重视现金流量表的编制，其实，现金流量表对企业的财务分析极其重要，好的理财者必须学会如何将现金流量表和资产负债表及利润表融为一体进行分析，才能更全面地对企业的资产状况、偿债能力、资金周转能力、收益质量进行评价。因为大部分债务是需要用现金支付的，而无论是存货还是固定资产真正需要迅速变现时往往会远远低于其账面价值出售，其偿债能力会大打折扣；同样我们销售了很多商品，但没有实际收到现金，那么这些收入就未必能够真正实现，万一债务人破产了或出现了其他情况，这些表面上看起来给我们带来了利润的收入就会变成实际的损失。

如果你想当一个好的理财者或公司管理人，一定要学会结合其他报表分析现金流量表。

怎样编制现金流量表呢？

注意现金流量表的编制基础和其他报表不同，采用的是"收付实现制"，这是很多初学者不能正确编制现金流量表的主要原因，因为我们已经习惯了日常核算所采用的"权责发生制"。

所谓"收付实现制"，它是以收到或支付的现金（广义）作为确认收入和费用等的依据。也就是，什么时候收到了现金，就确认取得了收入，什么时候支付的现金，就确认发生了费用。在编制现金流量表时，一定记住要完全抛开"权责发生制"的惯性思维。

很多人都很头疼编制现金流量表，其实记住一个原则就可以了：只有本期实际收到的现金才是"现金流入"，只有本期实际付出的现金才是"现金流出"。

比如 2014 年 12 月份我们销售了 20 000 元的商品，但是当时款项没有收到，直到 2015 年 1 月份才收到。

我们可以分析一下相关业务处理：

按照权责发生制原则，会计人员的账务处理应当是：

2014 年 12 月份确认收入实现

借：应收账款　　　　　　　　　20 000

　　贷：主营业务收入等　　　　　　　　　20 000

2015 年 1 月收到货款

借：银行存款　　　　　　　　　20 000

　　贷：应收账款　　　　　　　　　　　　20 000

从这两笔账务处理中，我们可以知道，虽然我们在 2014 年的账簿中确认了 20 000 元的货款收入，但实际这笔收入直到 2015 年 1 月才真正收到我们的银行存款账户中，所以按照"收付实现制"，就应当是 2015 年的现金流入，而不是 2014 年的，因为 2014 年我们并没有实际收到现金。同样道理，假如我们 2014 年 12 月份购入了一批货物，金额为 10 000 元，而款项直到 2015 年 1 月才实际支付，那么这笔业务 2014 年的现金支出为 "0"，2015 年的现金支出为 10 000 元。

我们先来了解一下现金流量表中的内容，你可以参看表 7-6。主要分为"经营活动产生的现金流量"、"投资活动产生的现金流量"和"筹资活动产生的现金流量"三部分。只要你分清了"经营"、"投资"、"筹资"的概念内涵，然后套用以下方法填写金额就可以了：

1.销售产成品、商品、提供劳务收到的现金：反映因为销售产成品、商品、提供劳务行为而本期实际收到的现金，既包括本期的销售收现，也包括前期和以后可能的销售而本期收到的现金。

填列金额 = 当期销售商品、提供劳务收到的现金 + 当期收到前期的应收账款和应收票据 + 当期预收的账款 − 当期销售退回而支付的现金 + 当期收回前期核销的坏账损失

2. 收到的其他与经营活动有关的现金：反映本期实际收到的其他与经济活动有关的现金，如罚款收入、个人赔偿的现金等，应当根据"库存现金"、"银行存款"、"营业外收入"、"其他应收款"等账户内容分析填列。

3. 购买原材料、商品、接受劳务支付的现金：反映因为购买原材料、商品、接受劳务行为而本期实际支付的现金，既包括本期的购买行为支付的现金，也包括前期发生和以后可能发生的购买行为而本期支付的现金。

填列金额 = 当期购买原材料、商品、提供劳务支付的现金 + 当期支付前期的应付账款 + 当期预付的账款 − 当期购货退回而收到的现金

4. 支付的职工薪酬：反映本期实际支付给职工的薪酬。

5. 支付的税费：反映本期实际支付的各种税费，包括本期发生并支付的税费、支付的前期发生的税费、预交的税费等。

6. 支付的其他与经营活动有关的现金：反映本期实际支付的其他与经济活动有关的现金，如罚款支出、差旅费、业务招待费的现金支出等，应当根据"库存现金"、"银行存款"、"营业外支出"、"管理费用"等账户内容分析填列。

7. 经营活动产生的现金流量净额 =1+2−3−4−5−6

8. 处置固定资产、无形资产收回的现金净额：反映企业出售、报废固定资产、无形资产所取得的现金（包括因资产毁损收到的保险赔偿款），减去为处置这些资产而用现金支付的有关费用后的净额。可以根据"固定资产清理"、"库存现金"、"银行存款"等账户记录分析填列。

9. 收回短期投资、长期债券投资和长期股权投资的现金：反映本期出售、转让或到期收回企业的短期投资、长期股权投资所收到的现金，收回长期债券投资本金的现金。不包括长期债券投资收到的利息。可以根据"短期投资"、"长期股权投资"、"长期债券投资"、"库存现

金"、"银行存款"等账户记录分析填列。

10. 取得投资收益收到的现金：反映小企业因权益性投资或债权性投资取得的现金股利及利息，不包括股票股利。可以根据"库存现金"、"银行存款"、"投资收益"账户记录分析填列。

11. 购建固定资产、无形资产支付的现金：反映企业本期购买、建造固定资产、取得无形资产实际支付的现金，以及用现金支付的应由在建工程或无形资产负担的职工薪酬。可以根据"固定资产"、"在建工程"、"无形资产"、"库存现金"、"银行存款"等账户记录分析填列。注意不包括为构建固定资产而发生的资本化的利息（属于筹资活动）。

12. 短期投资、长期债券投资和长期股权投资所支付的现金：反映企业因权益性投资或债权性投资支付的现金，包括企业为取得"短期股票投资"、"短期债券投资"、"短期基金投资"、"长期债券投资"、"长期股票投资"支付的现金，以及支付的佣金、手续费等交易费用。可根据"短期投资"、"长期股权投资"、"长期债券投资"、"库存现金"、"银行存款"等账户记录分析填列。

13. 投资活动产生的现金流量净额 =8+9+10−11−12

14. 取得借款收到的现金：反映小企业因借款而实际收到的现金。可以根据"短期借款"、"长期借款"、"库存现金"、"银行存款"等账户记录分析填列。

15. 吸收投资收到的现金：反映企业实际收到的投资者投资的现金。可以根据"实收资本"、"库存现金"、"银行存款"等账户记录分析填列。

16. 偿还借款本息支付的现金：反映企业本期用现金偿还的借款本金。可以根据"短期借款"、"长期借款"、"银行存款"等账户记录分析填列。

17. 分配利润支付的现金：反映企业本期实际支付的现金利润。可以根据"应付利润"、"库存现金"、"银行存款"等账户的记录分析填列。

18. 筹资活动产生的现金流量净额 =14+15−16−17

19. 现金净增加额 =7+13+18

21. 期末现金余额 =19+20

239

表 7-6   现金流量表

会小企 02 表

编制单位：博飞科技有限责任公司   2014 年 12 月 31 日   单位：元

项目	行次	本期金额	上期金额
一、经营活动产生的现金流量			
销售产成品、商品，提供劳务收到的现金	1	1 239 000.00	456 000.00
收到的其他与经营活动有关的现金	2	0.00	0
购买原材料、商品、接受劳务支付的现金	3	660 369.02	125 300.00
支付的职工薪酬	4	450 000.00	64 500.00
支付的税费	5	89 000.00	6 300.00
支付其他与经济活动有关的现金	6	0.00	0
经营活动产生的现金流量净额	7	39 630.98	259 900.00
二、投资活动产生的现金流量			
处置固定资产、无形资产收回的现金净额	8	0.00	0.00
收回短期投资、长期债券投资和长期股权投资收到的现金	9	0.00	0.00
取得投资收益收到的现金	10	0.00	0.00
购建固定资产、无形资产支付的现金	11	202 490.00	250 000.00
短期投资、长期债券投资和长期股权投资支付的现金	12	0.00	0.00
投资活动产生的现金流量净额	13	(202 490.00)	(250 000.00)
三、筹资活动产生的现金流量			
取得借款的现金	14	180 000.00	0.00
吸收投资者投资的现金	15	0.00	0.00
偿还本息支付的现金	16	0.00	0.00

续表

项 目	行次	本 期 金 额	上 期 金 额
分配利润支付的现金	17	0.00	0.00
筹资活动产生的现金流量净额	18	180 000.00	0.00
四、现金净增加额	19	17 139.98	9 900.00
加：期初现金余额	20	78 560.00	68 660.00
五、期末现金余额	21	95 699.98	78 560.00

　　你是不是觉得编制现金流量表挺难的，很多初学者都有一种找不着北的感觉，其实，如果你使用了会计软件，你是可以在录入记账凭证的时候，直接设定属于哪种现金流量类型的，这样，到期末你只需要点一下"生成报表"，所有的会计报表就 OK 了（如图 7-1 所示）。

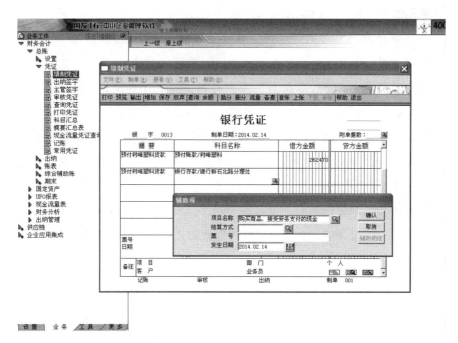

图 7-1　现金流量设置图示

你可能听业内的人士说过这样的话：现金流量表是链接资产负债表和利润表的桥梁。

的确如此。

给你举几个例子：

比如企业的资产负债表中"应收账款"和"应收票据"的期初金额与期末金额没有太大的变化，则现金流量表中"销售产成品、商品，提供劳务收到的现金"的金额（本例是 1 239 000.00）应当和利润表中"主营业务收入"的金额（本例是 1 256 800.00）基本一致。

再如企业的资产负债表中如果有对外投资项目，一般情况下在利润表中会有对应的"投资收益"，而现金流量表中也会有"取得投资收益收到的现金"。在本书的例题中因为没有涉及对外投资，所以三张报表的相关数据全部是"0"。借款业务也是如此，如果公司在资产负债表中有借款，则利润表中必然会有相应的财务费用支出，现金流量表中会有取得或偿付借款产生的现金流量。

我审计过一家公司的报表，在资产负债表中，他们的"短期投资"的期初数是 250 000.00，年末数是 0。说明该项投资已经收回了，那么相应的利润表中的"投资收益"应当有数据（正好不亏不赚的概率太小了），现金流量表中"收回短期投资、长期债券投资和长期股权投资收到的现金"以及"取得投资收益收到的现金"也应当有数据，而该公司的利润表和现金流量表中的相关数据全部为"0"，这就足以证明其编制的会计报表存在问题。

再以我们的实例来看一组数据。

在现金流量表的"本期金额"栏倒数第二行是"期初现金余额"，这个金额一般应当和资产负债表的"货币资金"的"期初余额"以及本表的"上期金额"一致（都是 78 560.00）；最后一行的"期末现金余额"则一般应当和资产负债表的"货币资金"的"期末余额"一致（都是 95 699.98）。

怎么样，是不是有一种醍醐灌顶的感觉？是不是觉得原来听某些所谓的会计专业人士说，会计报表都是胡编滥造的，所以才叫"编（瞎编）制"报表的话，有点值得怀疑了？

我给我的学生一再强调，尽量不要做假账，编假报表，古语说得好"要想人不知，除非己莫为"。

任务五　编写对外报表附注

243

按照《小企业会计准则》的规定，附注应当按照下列顺序披露：

1. 遵循小企业会计准则的声明。

小企业应当声明编制的财务报表符合小企业会计准则的要求，真实、完整地反映了小企业的财务状况、经营成果、现金流量等有关信息。

2. 对在资产负债表和利润表中列示的项目，与税法规定存在差异的纳税调整过程。参见《企业所得税纳税申报表》相关表格。（你直接进入报税系统，按照要求填写就可以了，不清楚的地方，你可以问负责你们公司业务的税管员，辅导你正确填报，那是他的义务。随着公务员队伍的不断优化，现在的税管员服务态度已经大有进步了。）

3. 其他需要说明的事项。

任务六　编制成本报表

我记得在一本《成本会计》教材的扉页上写着这样一段话："企业的竞争，其实就是成本的竞争。"

的确，特别是在市场竞争比较激烈的行业，在产品质量差异不大的情况下，价格自然就会决定市场，而成本则就决定了报价和利润。

因此，成本是一个企业最核心的商业机密内容之一，所以，你一定要记住，作为会计人员，你不能泄漏公司的诸如供货商、生产工艺等内容，因为会计人员有保密的责任。

正因为成本属于公司的商业秘密，所以在要求对外提供的会计报表中是不包括成本报表的。但作为公司的管理人员，成本无疑是其非常关心的内容，因此，作为一名合格的会计人员，你还必须定期根据管理层的需要，提供成本报表。

我经常在百度知道里看到求成本报表的帖子，真的有点爱莫能助的感觉。因为每个企业的生产特点、组织方式、生产工艺等千差万别，所以，成本报表没有统一的模板，我所能提供的只能是一些经常编制的成本报表的参考格式，记住，这不是模板，你必须根据所在企业的情况自己设计（见表7-7、表7-8、表7-9）。

表 7-7

商品产品成本表

2014 年 12 月

编制时间:　　　　　　　　　　　　　　　　　　　　　　　金额单位:元

产品名称	规格	计量单位	实际产量		单位成本				本月总成本			本年累计总成本		
			本月	本年累计	上年实际平均	本年计划	本月实际	本年累计实际成本	按上年实际平均单位成本计算	按本年计划单位成本计算	本月实际	按上年实际平均单位成本计算	按本年计划单位成本计算	本年实际
			1	2	3	4	5=9/1	6=12/2	7=1×3	8=1×4	9	10=2×3	11=2×4	12=2×6
可比产品合计	—	—	—	—	—	—	—	—	267 475	260 200	256 950	3 014 000	2 933 000	2 910 000
其中:甲	—	台	35	400	4 785	4 720	4 670	4 690.00	167 475	165 200	163 450	1 914 000	1 888 000	1 876 000
乙	—	台	50	550	2 000	1 900	1 870	1 880.00	100 000	95 000	93 500	1 100 000	1 045 000	1 034 000
不可比产品合计	—	—	—	—	—	—	—	—	—	23 100	23 400	—	77 000	77 500
其中:丙	—	件	30	100	—	770	780	775.00	—	23 100	23 400	—	77 000	77 500
全部商品产品制造成本	—	—	—	—	—	—	—	—		283 300	280 350		3 010 000	2 987 500

表7-8

主要产品单位成本表

2014年12月

产品名称：甲产品　　　　　　　　　　　本年累计计划产量：380 台

本月计划产量：30 台　　　　　　　　　本年累计实际产量：400 台

本月实际产量：35 台　　　　　　　　　金额单位：元

成本项目	本期计划	本期实际	上年同期实际	本年累计实际	上年实际平均	历史最好水平（2010年）	国内同业水平	国外同业水平
直接材料	4 100.00	4 050.00	4 120.00	4 060.00	4 150.00	4 000.00	3 900.00	3 400.00
直接人工	399.00	388.00	410.00	390.00	405.00	353.00	342.00	296.00
制造费用	221.00	232.00	235.00	240.00	230.00	207.00	168.00	154.00
合计	4 720.00	4 670.00	4 765.00	4 690.00	4 785.00	4 560.00	4 410.00	3 850.00

表 7-9　　　　　　　　　全部商品产品成本计划完成情况分析表

2014 年 12 月　　　　　　　　　　　金额单位：元

产品名称	计划总成本	实际总成本	降低额	降低率
可比产品	260 200	256 950	3 250.00	1.25%
其中：甲产品	165 200	163 450	1 750.00	1.06%
乙产品	95 000	93 500	1 500.00	1.58%
不可比产品	23 100	23 400	(300.00)	−1.30%
丙产品	23 100	23 400	(300.00)	−1.30%
合计	283 300	280 350	2 950.00	1.04%

　　你能发现表 7-7、表 7-8、表 7-9 这三张成本报表的数据之间的勾稽关系吗？其他还有诸如"制造费用明细表"、"单位成本对比分析表"、"直接材料消耗表"、"单位材料成本变动表"、"单位人工费用变动分析表"等。记住：成本报表的种类、内容、格式都是由你做主的。

247

第1步
第2步
第3步
第4步
第5步
第6步
第7步
第8步
第9步
第10步

了解常用的财务软件

真账 实操：
企业会计轻松做

任务一 了解会计核算软件

现在常用的会计软件是用友、金蝶、金算盘等。

一、用友软件

用友是公认的市场占有量最大的会计软件，这和公司的运作方式不无关系，因为很多地区的会计资格证考试使用的是用友软件，所以人们在最初准备进入会计行业时，都不得不学习这一会计软件，自然这种软件也就在人们的使用习惯里先入为主了。

其优点是：

1. 查询账凭方便，打印设置灵活，账证表看起来很美观，不仅能满足财务的基本核算要求，而且增加了计划和控制功能，实现了由事后核算到对过程控制的转变。

2. 实现了财务与业务管理的一体化，实现了资金流与物流的统一，建立了从部门管理到企业全面管理的统一平台。

3. 将信息综合利用引入系统管理，提供财务分析、数据提取工具，提供自定义查询等功能，使系统内部数据资源能够更有效利用，标准化的开放性数据接口使信息资源的综合利用更为充分有效。

其缺点是：

1. 价格高。

2. 跨年查询明细账比较麻烦。

3. 用友程序不够稳定。

4. 用友管理构架比较死板，不能满足企业多变的需求。

5. 管理软件要融入先进的管理思想，而用友所体现的并不是先进的管理思想，很难满足企业需求。很多模块间的契合度不是很高。

二、金蝶软件

据很多主讲会计电算化的老师以及企业会计人员反映，金蝶软件比用友软件更方便，更好使。

其优点是：

1. 价格便宜，易学易懂，界面美观。

2. 金蝶软件设计者是财务出身，专门针对财务和私人企业而编制的。

3. 金蝶的"供应链"中导出的数据是以数据形式导出，数据无需进行后续处理就能立即进行数据的运算，与用友相比省掉了许多工作。

4. 金蝶"K3"能进行开票资料的整理，将开增值税专用发票的资料以开票的样式整理出来，用友系统不具备此功能。

5. 能进行应收账款的控制，根据设定的"授信期"、"授信额"对应收账款进行账龄分析，对客户授信情况进行控制。

缺点是：

操作方式比较死板，查询账证表不灵活，账证表不直观，打印设置不太灵活。

三、金算盘

金算盘也是一个十分强大的实用的会计软件。其特点是数据库方面，金算盘一直用的 Oracle，金蝶一直用的 SQL_SERVER。

优点是：

金算盘软件不是每一年建一个账套，而是在一个账套里进行操作，所以，遇到跨年查询数据的时候它很方便。

缺点是：

1. 因为金算盘是在一个账套里进行操作，所以数据量相当大，运算量大，反应慢。而用友是一年一个账套，数据小，所以运算反应快。

2. 用友是收货后做了发票之后生成凭证，记账后才增加应付账款，而金算盘是进了货就生成了应付账款，付款是去勾入库单，不太符合规范的会计处理流程。

财务软件除上述之外还有源自台湾的天心、鼎兴会计软件；南派的新中大；北派的浪潮；走高端，做商业网的 SAP；针对中小型企业的神码等，均各有特色，你可以根据自己的喜好选择使用。

记住，无论你选择的是哪一款会计软件，其基本的记账流程都是一样的，即：取得原始凭证→审核原始凭证→填制记账凭证→审核记账凭证→记账→结账→编制报表。

图 8-1　用友会计软件界面图示

任务二　熟悉网上报税系统

　　网上报税是指税务部门建立专门的申报网站，纳税户通过 Internet 访问税务部门网站上的网上报税系统，正确填写电子化申报表后，递交申报数据至税务部门服务器，税务部门的 WWW 服务器对这些数据进行处理、储存，并将处理结果反馈给纳税人的一种电子申报方式。此种方式大大减少了纳税户往返于税务部门、银行的烦恼，大大减轻了税务部门的工作量。

　　网上税务系统是一套基于 Web 的，运用现代化的通信手段和计算机及网络信息处理技术，由纳税人通过 Web 方式向税务机关申报应纳税款，税务机关据此征收并扣缴税款的综合税务信息处理系统。运用网上报税系统，大大节省了纳税人和税务局的时间和费用，也在一定程度上有效抑制了偷税现象。

253

一、网上报税对会计工作的影响

　　报税系统对会计工作的影响主要体现在以下方面：

　　1. 不用提交纸质报表，方便纳税人申报缴税，节省了纳税人报税时间。

　　2. 有利于减轻税务机关受理纳税申报录入纳税人各项财务会计资料等方面的工作压力。

　　3. 有利于减少人工受理纳税申报的失误。

　　4. 使用 CA 数字认证进行报税，其填写的数据由第三方机构进行加密和认证，因此报表不可修改。

5. 每个会计都有自己专属的 U-key，只有拥有对应钥匙和口令的人才能使用报税系统进行报税。

6. 24 小时申报时间，不受法定假期、异地出差的限制。任何一台上网的电脑都可进行网上报税的操作。

7. 无需手工计算，由系统核算税率和税额。

8. 向导化的流程设计，使报税工作更加直观、简便。

二、网上报税的硬件要求

1. 具备宽带上网条件；

2. 具备 USB 设备接口。

三、软件要求

1. 操作系统：win2000/xp/win2003/vista/win7

2. 浏览器：IE6.0 以上

四、网上报税的系统功能

网上报税的系统一般具有以下功能：

1. 公告通知

在这里您可以了解税务局最新的政策法规和一些事项。

2. 纳税人基本信息

显示纳税企业的基本信息，如企业的所属税务主管机关和所属行业以及缴费时间等，如有变化，应及时通知主管税务部门进行修改。

3. 纳税申报

点击纳税申报按钮，进入纳税申报模块，在该模块，纳税人可以完成从申报到纳税的整个过程。

4. 数据查询

可以查询纳税人历史申报数据。

5. 密码修改

纳税人可以自行修改申报密码。

6. 软件下载

纳税人可以在这个模块中下载相关的软件（如：打印插件等）。

7. 填表说明

该模块告诉纳税人怎样进行网上申报报表的填写以及在填写中需要注意的事项。

五、开通网上报税的程序

1. 到税务局领取网报的三方协议，填写网上申报 CA 数字认证申请表，加盖开户行章、公司章、税务局章。

术语介绍：

CA —— Certificate Authority 的缩写，证书管理系统，也称证书认证中心。

数字证书 —— 数字证书就是标志网络用户的电子身份证，用来在网络通信中识别通信各方的身份。

key —— 数字证书的存储介质，内置智能芯片操作系统，能作高强度地加密运算，便于携带，可以在计算机上轻松使用（不同于一般的 U 盘）。

2. 开通网上报税，取得网报 CA 证书（也就是类似 USB 的东西）。

3. 自己在税务局网站上下载网报程序，或者服务公司给你安装盘安装，插上 CA 证书，进行初始设置（有时候税务局给的安装盘中他们已把这些信息给录好了）。

4.根据报税系统的提示，填制完成相关信息，就 OK 了。

5.你可以根据需要导出／打印、查询报表，如图 8-2 所示。

图 8-2　网上报税的功能图示

任务三　了解 EXCLE 在财务中的应用

作为常用的办公软件之一，EXCLE 自问世以来，就一直备受财务人员的青睐，因为其方便的数据运算功能，为财务数据的处理带来了极大的便利。特别是在成本计算、数据分析中，EXCLE 把人们从繁琐的数据计算中解放了出来。而对于不必购置大型财务软件的小企业，你可以用 EXCLE 自行设计会计的工作流程、数据链接、数据计算等，完成填制记账凭证、登记账簿、成本计算、试算平衡、编制会计报表、进行财务分析等一系列功能。并可以根据需要完成工资管理、固定资产管理、进销存管理等。

现在市面上有很多关于 EXCLE 在财务中的应用教材，你可以按照教材提示的操作步骤，结合自己所在单位的情况，一步步设计完成你所需要的功能。我试了一下，用上几天时间就可以了，比学习会计理论容易多了，只要在编辑公式的时候认真一点就行了。

你看，在图 8-3 中用 excle 编辑出来的东西也同样具有自动生成功能，是不是也不错?

你也可以试一试，还是很有成就感的。你会觉得原来自己也很有设计才华的呀。

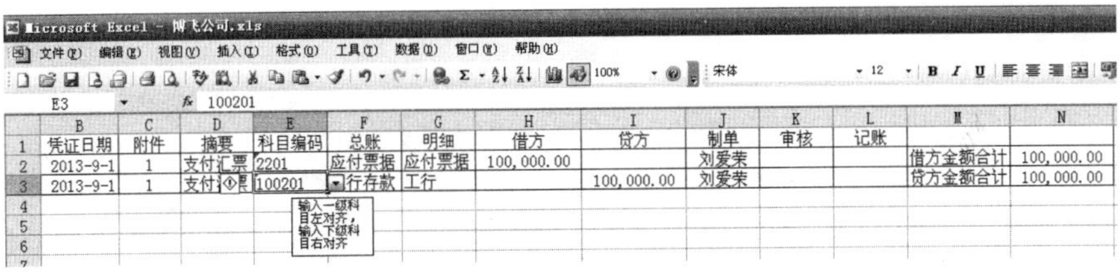

图 8-3　用 excle 编辑的凭证录入图示

第1步
第2步
第3步
第4步
第5步
第6步
第7步
第8步
第9步
第10步

做好财务分析工作

真账 实操：
企业会计轻松做

到现在为止，如果你已经学会了前面的所有内容，你现在也可以说已经是一个会计专业人士了，但你能很顺畅地阅读会计报表的信息，并给别人说得头头是道吗？恐怕还不能。更何况那些对会计一无所知的人呢。所以，为了让人们能够更好地了解报表提供的信息，我们还需要懂得如何分析财务数据。

任务一　偿债能力分析

企业的偿债能力应当是债权人最关心的问题了，当然投资者和经营者以及业务关联单位也会非常关心这个问题。

上课的时候，我经常会问学生这样一个问题："长期负债的利率一般要高于短期负债，那么你认为哪一种负债对企业的威胁更大？"

"当然是长期负债，因为在借款额相同的情况下，企业需要付出更多的利息。"学生们大多会这样回答。

你同意他们的观点吗？

我随后问了他们一个稍显夸张的问题："一种情况是你欠了别人区区 100 元钱必须立即偿还，否则就可能被诉破产，但是你现在分文皆无，而且已经是求告无门；一种情况是你欠了别人 100 万元钱，但是可以等到 100 年以后归还，哪一种负债对你的威胁更大？"

这时，他们都会回答，当然是前一种负债。

所以，长期负债看上去虽然要付出更多利息，但是却给予我们更多的偿还时间，俗话说："十年河东，十年河西。"说不定几年后的你就成为亿万富翁，那时区区的 100 万元又算什么呢？

正是因为短期负债和长期负债各有其自身的特点，所以，我们要对企业的偿债能力指标进行分析时，既要分析其短期偿债能力，也要分析其长期偿债能力。

在具体分析有关指标之前，我们需要先来了解下面一组概念：

1. 偿债能力：是指企业对债务清偿的承受能力或保障程度，即企业偿还全部到期债务的现金保障程度。

2. 短期偿债能力：是指企业偿还流动负债的能力，或是企业在短期债务到期时可以变现用于偿还流动负债的能力。对企业短期偿债能力的分析通常也称为企业流动性分析。

3. 长期偿债能力：是指企业偿还长期负债的能力，或是企业在长期债务到期时，企业的盈利或资产可用于偿还长期负债的能力。对企业长期偿债能力的分析应结合企业的盈利能力和资产规模两个方面进行分析、评价。

一、短期偿债能力的分析

短期偿债能力是企业所有利益相关者都非常重视的问题，理由就像我刚才举过的欠人区区100元的例子一样，它直接威胁着公司的生存。短期偿债能力的强弱意味着企业承受财务风险能力的大小，如果企业的短期偿债能力下降了，通常会逼迫企业变卖资产，甚至破产清算，给企业带来的打击可能是致命的。所以短期偿债能力会影响到投资者的投资机会、获利机会、会影响到债权人的本息回收比例，会影响到合同履行能力等。那么常用的用于分析企业短期偿债能力的指标有哪些呢？

（一）流动比率

流动比率是衡量企业短期偿债能力的核心比率。其计算公式为：

流动比率 ＝ 流动资产 ÷ 流动负债

过去人们一般认为，该指标的合理值为2，但实践证明，不同的国家、不同的金融环境，该比率有着明显的差异，同一个国家，不同的行业，其平均流动比率也有明显区别，所以该指标只要高于了同一地区、同一行业的平均水平，那么企业就具有较好的短期偿债能力。

（二）速动比率

又称为酸性测验比率，是用来衡量企业流动资产中的可以立即变现用来偿付流动负债的能力，主要是考虑到流动资产中存货等在应急变现时可能会存在一定的价值损失，甚至无法及时变现，使流动比率所反映的偿债能力大打折扣。速动比率的计算公式是：

速动比率 = 速动资产 ÷ 流动负债

速动资产 = 流动资产 – 存货 – 预付账款 – 1 年内到期的非流动资产（大中型企业报表项目） – 其他流动资产

或者

速动资产 = 货币资产 + 短期投资（大中型企业是交易性金融资产） + 应收票据 + 应收账款 + 其他应收款

一般认为速动比率等于或稍大于 1 比较理想，但和流动比率的分析一样，也应当考虑到行业的具体情况。

从"速动资产"的计算公式中，我们可以知道速动资产中剔除了变现能力相对较差的存货，但其包括的"应收账款"同样可能会因为其可收回性而影响到企业的实际短期偿债能力，即使按照账龄进行适当的折扣，但作为会计估计依然会影响其准确性，所以，"流动比率"和"速动比率"都可能高估企业的短期偿债能力。为了解决这一问题，人们往往会采取更极端保守的态度计算和分析企业的短期偿债能力，即"现金比率"和"现金流动负债比率"。

（三）现金比率

现金比率 = （货币资金 + 短期有价证券） ÷ 流动负债

该指标一般认为应当在 20% 左右，过低，可能影响到企业的直接支付能力；过高，会带来较高的机会成本，因为通常的投资收益会大于利息收入的。

不知道什么是机会成本吧？举个例子，你把 10 000 元钱存进了银行，你就放弃了用这 10 000 元投资于其他项目的机会，因此而失去的可能利益就是我们所说的机会成本。

（四）现金流动负债比率

现金流动负债比率 = 经营活动产生的现金流量净额 ÷ 流动负债

该指标可以从现金流量的角度分析企业的短期偿债能力，因为权责发生制下，有利润的年份不一定有足够的现金来偿还债务，该指标更好地揭示了企业经营与债务偿还之间的关系，一般认为该指标只要大于或等于1，即表明企业有着足够的来自于日常经营的资金用于偿还债务。和现金比率一样，该指标如果过大，则说明企业的现金利用不充分，盈利能力下降。

二、长期偿债能力的分析

短期偿债能力的分析主要着眼于企业资产对眼前债务的保证程度，所以主要关心的是企业资产与负债的规模与结构，而长期负债的偿还能力则更多在于企业的未来发展，所以，分析长期偿债能力时，除了要关注企业的资产和负债的规模与结构外，还需要关注企业的盈利能力。其常用的分析指标有：

（一）资产负债率

也称为负债比率，该指标用于衡量企业利用负债融资进行财务活动的能力。

资产负债率 = 负债总额 ÷ 资产总额

从公式中可以看出，该指标反映的是在企业的全部资金来源中，来自债权人的比重。该指标对于不同的使用者，其意义不同：

对于债权人，该指标越低，说明债权得以偿还的保证度越大，财务风险越小，越安全。

　　对投资者而言，负债可以给企业带来税额庇护利益，而且当企业的盈利能力高于负债利息率时，负债可以给企业带来财务杠杆利益，也就是人们所说的"借鸡生蛋"的道理。

　　比如我们自家养了 300 只鸡，每天生一个鸡蛋，我们每天收获的是 300 个鸡蛋带来的利润。如果我们又从别处借来了 100 只鸡（本金），条件是每天每只鸡支付 0.5 个鸡蛋作为回报（利息），假设每只鸡的饲养成本约合 0.2 个鸡蛋，那么这借来的 100 只鸡就能给我们每天带来 100×（1–0.5–0.2）=30 个鸡蛋的利润，如果借来的是 200 只鸡、300 只鸡……是不是越多越好？

　　如果我们每只鸡的饲养成本约合 0.6 个鸡蛋呢？这时候，每只鸡给我们带来的息前税前利润是 1–0.6=0.4 个鸡蛋，而我们要支付的利息是 0.5 个鸡蛋，每养一只鸡还要倒贴 0.1 个鸡蛋，这时当然负债就不合适了。

　　一般认为资产负债率的适宜水平是 40%～60%，过高会使债权人产生不安全感，影响到企业的融资能力，过低，则不利于企业利用财务杠杆扩大盈利。

（二）所有者权益比率

　　所有者权益比率 = 所有者权益总额 ÷ 资产总额

　　该指标表明的是所有者资本在全部资产中所占的份额，该指标越高，说明所有者对企业的控制权越稳固，企业的还息压力越小。

（三）权益乘数

　　权益乘数 = 资产总额 ÷ 所有者权益总额

　　不难发现，权益乘数实际上就是所有者权益比率的倒数，反映的是企业资产与所有者权益的倍数关系，该指标越大，表明所有者投入的资本在企业资产中所占的比重越小，企业的负债程度越高，财务风险越大。

（四）产权比率

　　产权比率 = 负债总额 ÷ 所有者权益总额

该指标主要用于衡量企业的风险程度和对债务的偿还能力，越小说明有越高比率的所有者权益予以保证，表明企业的长期偿债能力越强。

一般认为产权比率应当维持在 0.7 ~ 1.5。

（五）利息保障倍数

前几个指标主要是根据"资产负债表"对企业的长期偿债能力进行的静态分析，而就像我们前面举的"借鸡生蛋"的道理一样，企业负债的目的绝不是为了能够偿还债务，而是要通过适度负债给企业带来更多的利润，所以盈利能力对长期偿债能力的影响更为重要。利息保障倍数就更好地体现了"生蛋"与"还蛋"的关系。

利息保障倍数 = 息前税前利润 ÷ 利息费用

息前税前利润 = 利润总额 + 利息支出 = 净利润 + 所得税费用 + 利息费用

一般来说，利息保障倍数至少要大于 1，而且比值越高，表明企业的长期偿债能力越强。

265

就像我们的"借鸡生蛋"的例子，因为每只鸡的产蛋量 1 个鸡蛋，扣除掉饲养成本 0.2 个鸡蛋后，其"息前税前利润"就是 1－0.2=0.8 个鸡蛋，0.8÷0.5=1.6>1 个鸡蛋，说明企业在负债经营中有足够的盈利来偿还债务；而如果饲养成本变成了 0.6 个鸡蛋，则其"息税前利润"就是 1－0.6=0.4 个鸡蛋，0.4÷0.5=0.8<1 个鸡蛋，说明企业在负债经营中其盈利尚且不能偿还债务利息，这种负债只能导致企业利润的减少。

一、与投资有关的盈利能力分析

（一）总资产报酬率

这是反映企业资产综合利用效率的指标，该指标越高，表明企业资产的利用效果越好。

$$总资产报酬率 = \frac{息税前利润总额}{平均资产总额} \times 100\%$$

$$= \frac{营业收入}{平均总资产} \times \frac{利润总额 + 利息费用}{营业收入}$$

$$= 总资产周转率 \times 销售息税前利润率$$

（二）净资产收益率

该指标越高说明企业自有资本的获利能力越强，运营效益越好。

$$加权平均净资产收益率 = \frac{净利润}{平均净资产} \times 100\%$$

$$平均净资产 = \frac{所有者权益年初数 + 所有者权益年末数}{2}$$

二、与销售有关的盈利能力分析

（一）销售毛利率

该指标反映的是企业营业收入的获利水平，越高说明企业的盈利能力越强。

$$销售毛利率 = \frac{营业收入 - 营业成本}{营业收入} \times 100\%$$

（二）营业利润率

和销售毛利率一样，该指标反映的是企业营业收入的获利水平，越高说明企业的盈利能力越强。

$$营业利润率 = \frac{营业利润}{营业收入} \times 100\%$$

（三）销售净利率

该指标反映的是企业营业收入的最终获利水平，越高说明企业的盈利能力越强。

$$销售利润率 = \frac{净利润}{营业收入} \times 100\%$$

267

（四）成本费用利润率

该指标反映的是所得和所费的比例关系，其数值越大，则在所费相等的情况下所得越高。

$$成本费用利润率 = \frac{利润总额}{成本费用总额} \times 100\%$$

成本费用总额 ＝ 营业成本＋营业税金及附加＋销售费用＋管理费用＋财务费用

三、与股本有关的盈利能力分析（主要与上市公司有关，小企业一般不涉及）

（一）每股收益

每股收益越高，表明公司的盈利能力越强。

$$每股收益 = \frac{净利润 - 优先股股利}{发行在外的普通股股数}$$

（二）每股利润（股利）

每股股利越高，表明普通股获得的现金报酬越多。

$$每股收益 = \frac{普通股现金股利总额}{发行在外的普通股股数}$$

（三）市盈率

市盈率是反映上市公司盈利能力的一个重要指标，一般来说，市盈率越高，说明投资者对该公司的发展前景看好，愿意出高价购买该公司股票，但市盈率过高，也意味着这种股票的投资风险较高。所以，如果你是一个入门级的股民，建议你最好选市盈率比较低的股票，风险会小些。

$$市盈率 = \frac{普通股每股市价}{普通股每股收益}$$

四、与盈利有关的现金流量比率分析

前面介绍的盈利能力的分析指标多是利用的利润表的数据，但由于利润表中的数据是采用的权责发生制原则编制，如果通过虚假销售等方式很容易达到操纵利润的目的，所以报表使用者假如完全按照前述的盈利能力指标的分析进行决策，很可能会导致决策失误，因此要更全面地认识企业的实际获利能力以及其利润质量，就应当将盈利与收现结合在一起进行分析。

（一）营业收入收现率

在企业的收入水平没有下降的情况下，该指标如果接近1，说明企业能够及时收回货款，收益质量较好；反之，如果该指标过低，则说明企业无法及时收回货款，收益质量较差。当然有时候企业为了扩大销售，有可能会基于战略目的暂时牺牲营业收入的收现率。

$$营业收入收现率 = \frac{销售商品、提供劳务收到的现金}{营业收入} \times 100\%$$

（二）盈余现金保障倍数

$$盈余现金保障倍数 = \frac{经营活动产生的现金净流量}{净利润}$$

一般认为，该指标越高，说明企业利润与现金流量的相关度越高，利润质量也就越高。

任务三　营运能力分析

营运能力主要指企业营运资产的效率，通常是指资产的周转速度，企业的经营资金的周转速度越快，表明企业资金利用的效果越好，效率越高，企业管理层的经营能力越强。

269

一、流动资产周转情况分析

（一）应收账款周转情况的分析

1. 应收账款周转率（周转次数）

$$应收账款周转率（周转次数）= \frac{赊销收入}{应收账款平均余额}$$

$$应收账款平均余额 = \frac{应收账款余额年初数 + 应收账款余额年末数}{2}$$

2. 应收账款周转期

$$应收账款周转期（周转天数）= \frac{360}{应收账款周转率（周转次数）}$$

应收账款周转率越高，则应收账款的周转期就越短，说明应收账款回收速度越快，应收账款的流动性越强，发生坏账的可能性就越小。

（二）存货周转情况的分析

1. 存货周转率（存货周转次数）

$$存货周转率（周转次数）= \frac{营业成本}{存货平均余额}$$

$$存货平均余额 = \frac{存货余额年初数 + 存货余额年末数}{2}$$

2. 存货周转期

$$存货周转期（周转天数）= \frac{360}{存货周转率（周转次数）}$$

存货周转率越高，则存货的周转期速度越快，存货的变现能力越强，资金的占用越低，所以在不增加采购成本和影响生产的情况下，存货周转率越高越好。

二、固定资产周转情况分析

1. 固定资产周转率

$$固定资产周转率 = \frac{营业收入}{固定资产平均净值}$$

$$固定资产平均净值 = \frac{固定资产期初净值 + 固定资产期末净值}{2}$$

2. 固定资产周转期

$$固定资产周转期（周转天数）= \frac{360}{固定资产周转率}$$

固定资产周转率越高，周转天数越少，表明企业固定资产利用越充分，企业的固定资产投资越得当，企业的营运能力越强。

三、总资产营运能力分析

1. 总资产周转率

$$总资产周转率（周转次数）= \frac{营业收入}{平均资产总额}$$

$$平均资产总额 = \frac{期初资产总额 + 期末资产总额}{2}$$

2. 总资产周转期

$$总资产周转期（周转天数）= \frac{360}{总资产周转率（周转次数）}$$

271

总资产周转率越高，则总资产的周转期越短，说明总资产回收速度越快，同样的资产取得的收入越多，企业管理层的管理水平越高。

任务四 企业发展能力分析

无论是企业的现有股东、潜在的投资者、经营者、债权人，无一不关心企业的发展能力。企业的发展能力通常是指企业未来生产经营活动的发展趋势和发展潜能，即增长能力。

经常听炒股的人提到"市盈率"这个指标吧，有些股票之所以市盈率很高，很大程度上就是因为投资者看好企业的未来发展能力。

一、营业发展能力分析

（一）销售（营业）增长率

$$销售（营业）增长率 = \frac{本年销售（营业）收入增长额}{上年销售（营业）收入总额} \times 100\%$$

本年销售（营业）收入增长额＝本年销售（营业）收入总额—上年销售（营业）收入总额

该指标若大于 0，表明企业的本年的销售（营业）收入有所增长，该指标越高，表明增长速度越快，企业市场前景越好。

（二）总资产增长率

$$总资产增长率 = \frac{本年总资产增长额}{年初资产总额} \times 100\%$$

总资产增长额＝资产总额年末数—资产总额年初数

一般来说，该指标越高，表明企业在一个经营周期内资产经营规模扩张的速度越快，但要注意不应当超过企业的销售增长和利润增长速度，否则可能存在盲目扩张的问题。

听说过国企承包第一人马胜利的故事吗？他曾是上世纪 80 年代中国最著名的厂长。1984 年，他毛遂自荐承包了石家庄造纸厂，率先在国有企业打破"铁饭碗、铁工资"，并推出改革"三十六计"和"七十二变"，造纸厂迅速扭亏为盈。在全国近千企业"求承包"的呼声下，中国马胜利造纸企业集团 1988 年成立。马胜利所掀起的"承包旋风"和集团化举措，成为当时中国国企经营者最富想象力的改革试验，他因此被称为"国企承包第一人"。但马胜利的试验最终以失败告终。他于 1995 年提前退休，他所在的工厂因资不抵债申请破产。2014 年 2 月 6 日马胜利因病去世，享年 76 岁。

在其晚年，他曾经自信地说，别看现在马云如此受关注，但50年后，人们会记得马胜利，却未必记得马云。

的确，马胜利为中国的国企改革做出了里程碑式的贡献，其失败的原因就是盲目扩张。在企业小的时候，可能因为资金不足饿死的比较多，而在企业成长到一定的规模，很多是因为盲目扩张，但管理无法跟进而撑死的。所以做企业一定要一步一个脚印地量力而行，千万不要犯好大喜功的大忌。

二、企业财务发展能力分析

（一）资本积累率

$$资本积累率 = \frac{本年所有者权益增长额}{年初所有者权益} \times 100\%$$

$$本年所有者权益增长额 = 所有者权益年末数 - 所有者权益年初数$$

该指标应当大于0，且数值越高，说明企业的资本积累越多，应付风险、持续发展的能力越强；若为负值，则所有者权益受到了侵蚀，应予以充分重视。

（二）净利润增长率

$$净利润增长率 = \frac{本期净利润增长额}{上期净利润} \times 100\%$$

该指标为正数，说明企业本期净利润增加，净利润增长率越大，说明企业收益增长得越多；若为负值，则说明企业收益降低。

第1步
第2步
第3步
第4步
第5步
第6步
第7步
第8步
第9步
第10步

10

会计资料的归档
与调阅

真账 实操：
企业会计轻松做

到现在为止，会计所需要的技术含量比较高的知识我们都已经学完了，下面的工作就是会计资料的整理归档等小儿科的事情了。

任务一 装订会计凭证、会计账簿，打印会计报表

无论是手工记账，还是使用会计软件，每月月末，会计人员都应当将凭证、账簿、报表整理装订，做好归档的准备工作。

一、会计凭证的装订

会计凭证一般每月装订一次，每月记账完毕后，由会计人员将本月的凭证整理后装订成册。具体操作步骤如下：

1. 放置好科目汇总表

单位一般采用的是"科目汇总表会计处理程序"，所以应当将"科目汇总表"放在凭证的最前面。

2. 理顺凭证

将准备装订的会计凭证按照编码顺序整理好（注意不能有编码缺漏的问题），并使其齐整。因为凭证的左侧装订后会被凭证皮封住，所以整理时保证凭证的右、上侧整齐即可。

3. 装订

由于记账凭证的后面附了很多原始凭证，所以如果直接装订会出现"鼓肚子"的问题，而且也容易损坏凭证，所以有聪明人就想出了往装订位置填塞硬纸板或纸张的方式"找平"（如图 10-1 所示）。这样装订出来的凭证就非常整齐美观了。

在装订的时候，封皮要和凭证装订在一起，不能后加，而且要进行反包处理，上下不能绕线（如图表10-2所示），否则一是不便于原始凭证的查阅，二是容易把装订线磨破，导致凭证散落。

装订时注意线要拉紧，对于多余的部分在凭证背面打死结后应当剪去。

4.凭证皮的填写。

（1）起止日期，按实际起止日期填写即可。

（2）凭证号数就是本册凭证的起讫号数。如"图表10-2"中2009年12月份的第2册凭证的第一张记账凭证是0026号，最后一张是0052号，就应当填写为"自第0026号至0052号"。

（3）"册数编号"：本月共装订了几册记账凭证，就写"共几册"，第几册就是"第几册"。如我们12月份共装订了两册凭证，那么其中的第一册凭证就应当在"册数编号"信息中填写"第1册、共2册"，第二册则应填写"第2册、共2册"。

（4）装订日期、装订人、会计主管等信息如实填写即可，如图表10-3所示。

（5）装订时，注意要将凭证封皮的中缝信息置于中缝位置，并和封面内容填写一致，以便于索引查阅。不过如果有了档案盒，你就不用专门对齐凭证皮的中封信息了，因为在档案盒的侧面同样印有专门的档案索引信息。如图表10-6所示。

（6）如果有需要抽出的附件，还应当填写封底的"抽出附件记录"，并签章，如图表10-4所示。

277

图 10-1　记账凭证的装订方法图示

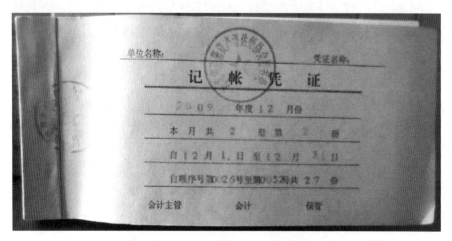

图 10-2　记账凭证的封皮填写图示

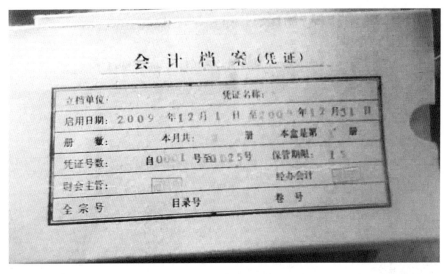

图 10-3　会计档案盒的填写图示

抽 出 附 件 记 录

抽出日期			抽出附件详细名称	理由	抽件人盖章	会计主管盖章	备注
年	月	日					

图 10-4　记账凭证的封底图示

二、账簿和报表的装订

如果采用的是手工记账，日记账和总账本身就是订本账，所以结完账就可以了，但明细账因为是活页账，所以要先将多余的账页抽出，将空白账页划销后，按顺序编写页码，加装封皮，填写好封皮信息就可以了。详见"第六步的任务二"。

如果是采用的会计软件，则将其打印好装订成册就可以了。如图表10-5所示。

会计报表因为只有几页纸，打印出来，装订在一起就可以了。

图 10-5　会计账簿的装订图示

三、整理归档

按照会计档案管理规定，当年形成的会计档案，在会计年度终了后，可暂由会计机构保管一年，期满之后，应当由会计机构编制移交清册，移交本单位档案机构统一保管；未设立档案机构的，应当在会计机构内部指定专人保管。

你可能在刚才看凭证和账簿的装订图示的时候注意到了，无论是记账凭证还是账簿，都加盖了单位公章，这是为了保证会计档案的严肃性，另外也可以明确责任。记住，打印好的会计报表同样也需要加盖公章。

后面的工作就是码放整齐了。如图表 10-6 所示。

图 10-6　会计档案图示

会计档案作为国家档案和单位档案的重要组成部分，是对各单位经济活动的历史记录，是分析过去、控制现在、规划未来的主要资料，也是日后查找各种经济问题的重要证据。所以根据《中华人民共和国会计法》和《中华人民共和国档案法》的规定，制定了《会计档案管理办法》，现将其主要规定摘抄如下：

1. 国家机关、社会团体、企业、事业单位、按规定应当建账的个体工商户和其他组织（以下简称各单位），应当依照本办法管理会计档案。

2. 各级人民政府财政部门和档案行政管理部门共同负责会计档案工作的指导、监督和检查。

3. 各单位必须加强对会计档案管理工作的领导，建立会计档案的立卷、归档、保管、查阅和销毁等管理制度，保证会计档案妥善保管、有序存放、方便查阅，严防毁损、散失和泄密。

4. 会计档案是指会计凭证、会计账簿和财务报告等会计核算专业材料，是记录和反映单位经济业务的重要史料和证据。

5. 各单位每年形成的会计档案，应当由会计机构按照归档要求，负责整理立卷，装订成册，编制会计档案保管清册。

6. 当年形成的会计档案，在会计年度终了后，可暂由会计机构保管一年，期满之后，应当由会计机构编制移交清册，移交本单位档案机构统一保管；未设立档案机构的，应当在会计机构内部指定专人保管。出纳人员不得兼管会计档案。

7. 移交本单位档案机构保管的会计档案，原则上应当保持原卷册的封装。个别需要拆封重新整理的，档案机构应当会同会计机构和经办人员共同拆封整理，以分清责任。

8.各单位保存的会计档案不得借出。如有特殊需要，经本单位负责人批准，可以提供查阅或者复制，并办理登记手续。查阅或者复制会计档案的人员，严禁在会计档案上涂画、拆封和抽换。

9.各单位应当建立健全会计档案查阅、复制登记制度。

10.会计档案的保管期限分为永久、定期两类。会计档案的保管期限，从会计年度终了后的第一天算起。本办法规定的会计档案保管期限为最低保管期限（参见附表）。

11.保管期满的会计档案，除本办法第十一条规定的情形外，可以按照以下程序销毁：

（1）由本单位档案机构会同会计机构提出销毁意见，编制会计档案销毁清册，列明销毁会计档案的名称、卷号、册数、起止年度和档案编号、应保管期限、已保管期限、销毁时间等内容。

（2）单位负责人在会计档案销毁清册上签署意见。

（3）由档案机构和会计机构共同派员监销。

（4）监销人在销毁会计档案前，应当按照会计档案销毁清册所列内容清点核对所要销毁的会计档案；销毁后，应当在会计档案销毁清册上签名盖章，并将监销情况报告本单位负责人。

12.保管期满但未结清的债权债务原始凭证和涉及其他未了事项的原始凭证，不得销毁，应当单独抽出立卷，保管到未了事项完结时为止。单独抽出立卷的会计档案，应当在会计档案销毁清册和会计档案保管清册中列明。

正在项目建设期间的建设单位，其保管期满的会计档案不得销毁。

13.采用电子计算机进行会计核算的单位，应当保存打印出的纸质会计档案。具备采用磁带、磁盘、光盘、微缩胶片等磁性介质保存会计档案条件的，由国务院业务主管部门统一规定，并报财政部、国家档案局备案。

14.单位因撤销、解散、破产或者其他原因而终止的，在终止和办理注销登记手续之前形成的会计档案，应当由终止单位的业务主管部门或财产所有者代管或移交有关档案馆代管。法律、行政法规另有规定的，从其规定。

15.单位分立后原单位存续的，其会计档案应当由分立后的存续方统一保管，其他方可查阅、复制与其业务相关的会计档案；单位分立后原单位解散的，其会计档案应当经各方协商后由其中一方代管或移交档案馆代管，各方可查阅、复制与其业务相关的会计档案。单位分立中未结清的会计事项所涉及的原始凭证，应当单独抽出由业务相关方保存，并按规定办理交接手续。

单位因业务移交其他单位办理所涉及的会计档案，应当由原单位保管，承接业务单位可查阅、复制与其业务相关的会计档案，对其中未结清的会计事项所涉及的原始凭证，应当单独抽出由业务承接单位保存，并按规定办理交接手续。

16.单位合并后原各单位解散或一方存续其他方解散的，原各单位的会计档案应当由合并后的单位统一保管；单位合并后原各单位仍存续的，其会计档案仍应由原各单位保管。

17.建设单位在项目建设期间形成的会计档案，应当在办理竣工决算后移交给建设项目的接受单位，并按规定办理交接手续。

18.单位之间交接会计档案的，交接双方应当办理会计档案交接手续。移交会计档案的单位，应当编制会计档案移交清册，列明应当移交的会计档案名称、卷号、册数起止年度和档案编号、应保管期限、已保管期限等内容。

19.交接会计档案时，交接双方应当按照会计档案移交清册所列内容逐项交接，并由交接双方的单位负责人负责监交。交接完毕后，交接双方经办人和监交人应当在会计档案移交清册上签名或者盖章。

20.我国境内所有单位的会计档案不得携带出境。驻外机构和境内单位在境外设立的企业（简称境外单位）的会计档案，应当按照本办法和国家有关规定进行管理。

21.预算、计划、制度等文件材料，应当执行文书档案管理规定，不适用本办法。

表10-1　企业和其他组织会计档案保管期限表

会计档案名称	保存期限	备注
一、会计凭证类		
1. 原始凭证、记账凭证、汇总凭证	15 年	
其中：涉及外事和其他重要事项的会计凭证	永久	
2. 银行存款余额调节表	5 年	
3. 银行对账单	5 年	
二、会计账簿类		
1. 日记账	15 年	
其中：现金和银行存款日记账	25 年	
2. 明细账	15 年	
3. 总账	15 年	
4. 固定资产卡片		包括日记总账
5. 辅助账簿	15 年	固定资产报废清理后保存 5 年
6. 涉及外事和其他重要事项的会计账簿	永久	
三、会计报表类		包括各级主管部门的汇总报表
1. 月季度会计报表	3 年	包括文字分析
2. 年度会计报表（决算）	永久	包括文字分析
四、其他类		
1. 会计移交清册	15 年	
2. 会计档案保管清册	永久	
3. 会计档案销毁清册	永久	

附录：小企业会计科目核算内容及 "T" 型账户

顺序号	编码	会计科目名称	对应在《企业会计准则》中的名称
		一、资产类	
1	1001	库存现金	库存现金
2	1002	银行存款	银行存款
3	1101	短期投资	交易性金融资产
4	1201	应收票据	应收票据
5	1202	应收账款	应收账款

顺序号	编码	会计科目名称	对应在《企业会计准则》中的名称
6	1203	预付账款	预付账款
7	1211	应收股利	应收股利
8	1221	应收利息	应收利息
9	1231	其他应收款	其他应收款
10	1301	在途物资	在途物资
11	1302	原材料	原材料
12	1303	库存商品／农产品（农业企业）	库存商品
13	1304	包装物	周转材料
14	1305	低值易耗品	周转材料
15	1311	消耗性生物资产	消耗性生物资产
16	1401	长期债券投资	持有至到期投资
17	1411	长期股权投资	长期股权投资／可供出售金融资产
18	1501	固定资产	固定资产／投资性房地产
19	1502	累计折旧	累计折旧
20	1503	在建工程	在建工程
21	1504	固定资产清理	固定资产清理
22	1511	生产性生物资产	生产性生物资产
23	1512	生产性生物资产累计折旧	生产性生物资产累计折旧
24	1601	无形资产	无形资产
25	1701	长期待摊费用	长期待摊费用
26	1801	待处理财产损溢	待处理财产损溢
		二、负债类	
27	2001	短期借款	短期借款
28	2101	应付账款	应付账款
29	2102	预收账款	预收账款
30	2201	应付职工薪酬	应付职工薪酬
31	2301	应交税费	应交税费

顺序号	编码	会计科目名称	对应在《企业会计准则》中的名称
32	2401	应付利息	应付利息
33	2501	应付利润	应付利润
34	2601	其他应付款	其他应付款
35	2701	长期借款	长期借款
36	2801	递延收益	递延收益
		三、所有者权益类	
37	3001	实收资本	实收资本
38	3002	资本公积	资本公积
39	3101	盈余公积	盈余公积
40	3102	本年利润	本年利润
41	3103	利润分配	利润分配
		四、成本类	
42	4001	生产成本（劳务成本）	生产成本（劳务成本）
43	4101	制造费用	制造费用
44	4401	工程施工	工程施工
45	4402	工程结算	工程结算
46	4403	机械作业	机械作业
		五、损益类	
47	5001	主营业务收入	主营业务收入
48	5002	其他业务收入	其他业务收入
49	5101	投资收益	投资收益
50	5201	营业外收入	营业外收入
51	5301	主营业务成本	主营业务成本
52	5302	主营业务税金及附加	营业税金及附加
53	5303	其他业务支出	其他业务成本
54	5401	销售费用	销售费用
55	5402	财务费用	财务费用

287

顺序号	编码	会计科目名称	对应在《企业会计准则》中的名称
56	5403	管理费用	管理费用
57	5501	营业外支出	营业外支出
58	5601	所得税费用	所得税费用

一、资产类

1. 1001 库存现金：核算企业的库存现金。

★ 按币种设明细账核算。

★ 企业有内部周转使用备用金的，可以单独设置"备用金"科目。

库存现金——币种	
收入金额	支出金额
企业持有的库存现金额	

2. 1002 银行存款：核算企业存入银行、其他金融机构的各种存款。

★ 按开户银行和其他金融机构、存款种类设明细账核算。

银行存款——开户银行或其他金融机构（种类及币种）	
收入金额	支出金额
企业存在银行或其他金融机构的各种款项	

3. 1101 短期投资：核算企业购入的能够随时并且持有时间不准备超过 1 年（含 1 年）的投资。

★ 按股票、债券、基金等短期投资种类设明细账核算。

短期投资——类别、品种	
取得短期投资的全部价款	出售时转出的成本
企业持有的短期投资的成本	

4.1201 应收票据：核算企业因销售商品、提供劳务等而收到的商业汇票，包括银行承兑汇票和商业承兑汇票。

★按开出、承兑商业汇票的单位进行明细核算。

★企业应当设置"应收票据备查簿"（如图6-2所示）详细登记商业汇票的种类、号数、出票日期、到期日、票面额、交易合同号、付款人、承兑人、背书人的姓名或单位名称、到期日、背书转让日、贴现日、贴现率、贴现净额以及收款日、收回金额、退票情况等。

★商业汇票到期结清或退票后，应在备查簿中注销。

应收票据——开出、承兑单位	
收到票据的票面金额	背书转让转销的面值 贴现票据的面值 票据到期，实际收到款项
企业持有的商业汇票的票面金额	

5.1202 应收账款：核算企业因销售商品、提供劳务等经营活动应收取的款项。

★按债权人设明细账核算。

应收账款——债权人	
发生因销售商品、提供劳务行为而产生的金额 代购货单位垫付的包装费、运杂费	收回应收款项 实际发生的坏账金额
★企业尚未收到的应收账款	★企业预收的账款

6.1203 预付账款：核算企业按照合同规定预付的款项，包括根据合同预付的购货款、租金等。预付款项情况不多的，也可以不设置本科目，将预付的款项直接记入"应付账款"科目。

★按供货单位或个人设明细账核算。

预付账款——供货单位（个人）	
预付金额 补付货款额 预付工程款	收到所购物资应付金额 退回多付款项 结算工程款
★企业预付的款项	★企业尚未补付的款项

7.1211 应收股利：核算企业应收取的现金股利或利润。

★按被投资单位设明细账核算。

应收股利——被投资单位	
购入股票时，价款中包含的、已宣告尚未发放的现金股利 股权投资持有期间被投资单位宣告发放的现金股利	实际收到的金额 出售转出的账面余额
企业尚未收到的现金股利或利润	

8.1221 应收利息：核算企业债券投资应收取的利息。

★按被投资单位设明细账核算。

应收利息——被投资单位	
企业购入债券时，所支付的款项中所包含的、已到付息期但尚未领取的利息 月末，分期付息、一次还本债券，按票面利率计算确定的应收未收的利息	实际收到的利息 出售时转出的应收未收的利息
企业尚未收到的利息	

9.1231 其他应收款：核算企业除应收票据、应收账款、预付账款、应收股利、应收利息等以外的其他各种应收及暂付款项，包括各种罚款、赔款、应向职工收取的垫付款等。

★按对方单位（个人）设明细账核算。

其他应收款——对方单位（个人）	
发生的其他应收款	实际收到的金额
企业尚未收到的其他应收款	

10.1301 在途物资：核算企业货款已付尚未验收入库的在途物资的实际采购成本。

★ 按供应单位和物资品种设明细账核算。

在途物资——供应单位（物资品种）	
购入材料等物资时的采购成本	材料等物资验收入库的成本
企业在途材料、商品等物资的采购成本	

11.1302 原材料：核算企业库存的各种材料。包括原料及主要材料、辅助材料、外购半成品（外购件）、修理用备件（备品备件）、包装材料、燃料等的实际成本。

★ 按保管地点（仓库）、材料类别、品种、规格设明细账核算。

★ 发出材料的成本可以采用先进先出法、加权平均法、个别认定法计算确定。

291

原材料——仓库、类别、品种、规格	
入库材料的实际成本	领用或出售材料的实际成本
企业库存材料的实际成本	

12.1303 库存商品 / 农产品（农业企业）：核算企业库存的各种商品的实际成本。包括库存产成品、外购商品、存放在门市部准备销售的商品、发出展览的商品、寄存在外的商品等。接受来料加工的代制品、为

外单位维修的代修品，加工或修理完工入库，也在本科目核算。可以降价出售的不合格品也在本科目核算，但要与合格品分开核算。

★ 按库存商品的种类、品种、规格设明细账核算。

库存商品——种类、品种、规格	
完工入库产成品的实际成本 购入商品的实际成本 退回商品的成本	发出产品的实际成本 发出商品的实际成本
企业库存商品的实际成本	

13.1304 包装物： 核算企业库存的包装物的实际成本。

★ 各种包装材料（如绳、铁丝、铁皮、纸等）应在"原材料"核算。

★ 用于储存和保管产品的自用的包装物，可以根据价值大小和使用期长短分别在"低值易耗品"（价低或使用周期短）或"固定资产"（价高且使用周期长）中核算，不在本科目核算。

★ 包装物数量不大的企业，为了简化核算，可以不设置该科目，将其并入"原材料"核算。

★ 按照包装物的种类设置明细账核算。

包装物——种类	
入库包装物的实际成本	领用包装物的实际成本
库存包装物的实际成本	

14.1305 低值易耗品： 核算企业低值易耗品的实际成本。

★ 按照低值易耗品的种类设置明细账核算。

低值易耗品——种类	
入库低值易耗品的实际成本	领用低值易耗品的实际成本
库存低值易耗品的实际成本	

15.1311 消耗性生物资产：核算农业企业持有的消耗性生物资产的实际成本。

★ 按照种类、类别设置明细账核算。

消耗性生物资产——种类、类别	
外购入库消耗性生物资产的实际成本 自行栽培的必要支出 自行繁殖的必要支出 产畜、役畜转为肥畜时的账面价值 补植林木的后续支出 应分摊的生产费用	收获为农产品应转出的实际成本 出售消耗性生物资产应转出的实际成本
消耗性生物资产的实际成本	

16.1401 长期债券投资：核算企业购入的不准备或不能在 1 年内（不含 1 年）变现的债券投资。

★ 按照债券种类和被投资单位设置明细账。

长期债券投资——类别、被投资单位	
取得债券投资的全部价款（扣除含有的应收未收的利息） 月末计算一次还本付息债券的利息额	出售或到期收回时转出的成本
企业持有的长期债券投资的成本	

17.1411 长期股权投资：核算企业持有的（通常在 1 年以上）的长期股权投资。

★ 按被投资单位设明细账核算。

长期股权投资——被投资单位	
取得股权投资的全部价款（扣除含有的已宣告尚未发放的现金股利） 用非现金资产交换取得的股权享有份额	出售时转出的成本
企业持有的长期股权投资的成本	

18.1501 固定资产：核算企业持有的固定资产原价。

★ 按类别和项目设明细账核算。

★ 租入的固定资产不在本科目核算，应另设备查簿登记。

固定资产——类别（项目）	
购入、建造固定资产的原值	处置或报废的固定资产成本
固定资产原价	

19.1502 累计折旧：核算企业固定资产的累计折旧。

★ 只进行总分类核算，不进行明细核算。

★ 该账户是固定资产的抵减账户。

累计折旧	
处置固定资产时结转的金额	计提的折旧
	企业固定资产的累计折旧额

20.1503 在建工程：核算企业基建、更新改造等在建工程发生的支出。

★ 购入不需要安装的固定资产直接记入"固定资产"，不通过该科目核算。

★ 购入的为工程准备的物资，在"原材料"核算。

★ 可按构成项目设明细账核算。

在建工程——工程名称	
支付的工程款（或需要安装设备的价款） 支付的安装费 发生的管理费、征地费、临建费等 领用的工程物资、原材料等物料支出 工程施工中发生的人工费 竣工决算前的借款利息 预付给承包单位的价款	已领用物资退库金额 工程物资盘亏、报废、毁损净损失 完工转为固定资产的金额
尚未完工或虽已完工但尚未办理竣工决算的工程实际支出	

★ 项目完工转入固定资产后没有余额。

21.1504 固定资产清理：核算企业因出售、报废、毁损、对外投资等原因转出的固定资产价值以及在清理过程中发生的费用等。

★ 按被清理的固定资产项目设明细账核算。

固定资产清理——被清理项目	
出售、报废、损毁、对外投资等转出的账面价值 支付的清理费 转出清理净收益	出售价款或残料收入 保险公司或过失人赔款 转出清理净损失
★企业尚未清理完毕的固定资产的清理净损失	★企业尚未清理完毕的固定资产的清理净收益

★ 项目清理完毕后无余额。

22.1511 生产性生物资产：核算农业企业持有的生产性生物资产的原价。

★ 按照"未成熟生产性生物资产"、"成熟生产性生物资产"分种类、群别、所属部门设置明细账核算。

生产性生物资产——种类、群别、所属部门	
外购的实际成本 自行栽培、自行繁殖的林木、产畜、役畜的成本 肥畜转为产畜、役畜时的账面余额 补植林木的后续支出	处置生产性生物资产应转出的实际成本 （包括转为消耗性生物资产）
生产性生物资产的原价	

23.1512 生产性生物资产累计折旧：核算农业企业成熟生产性生物资产的累计折旧。

★ 按照种类、群别、所属部门设置明细账核算。

★ 该账户是生产性生物资产的抵减账户。

生产性生物资产累计折旧——种类、群别、所属部门	
处置生产性生物资产时结转的金额	计提的折旧
	成熟生产性生物资产的累计折旧额

24.1601 无形资产：核算企业持有的无形资产的摊余成本，包括专利权、非专利技术、商标权、著作权、土地使用权等。

★ 按项目设明细账核算。

★ 采用平均年限法摊销。

无形资产——项目	
外购成本 自行开发的资本化的支出	摊销额 处置或转销而转出的成本
企业无形资产的成本	

25.1701 长期待摊费用：核算企业已经发生但应由本期和以后各期负担的分摊期限在 1 年以上的各项费用。主要包括已提足折旧的固定资产的改建支出、以经营租赁方式租入的固定资产发生的改良支出、符合税法规定的固定资产的大修理支出以及其他长期待摊费用。

★ 按费用项目设明细账核算。

长期待摊费用——项目	
发生额	摊销额
企业尚未摊销完毕的长期待摊费用	

26.1801 待处理财产损溢：核算企业在清查财产过程中查明的各种财产盘盈、盘亏和毁损的价值。

★ 按"待处理流动资产损溢"、"待处理固定资产损溢"，并可分别盘盈、盘亏的资产种类和项目设明细账核算。

★ 物资在运输途中发生的非正常短缺与损耗，也通过本科目核算。

待处理财产损溢——种类、项目	
盘亏、毁损金额 转出净收益	盘盈金额 残料价值、保险公司或过失人赔款 转出净损失
0	

★ 该账户必须在期末结账前，查明原因，处理完毕，处理后无余额。

二、负债类

27.2001 短期借款：核算企业向银行或其他金融机构等借入的期限在 1 年以下 (含 1 年) 的各种借款。

★ 按借款种类、贷款人和币种设明细账核算。

短期借款 —— 种类、贷款人、币种	
偿还的金额	借入金额
	企业尚未偿还的短期借款本金

28.2101 应付账款：核算企业因购买材料、商品和接受劳务等经营活动应支付的款项。

★ 按债权人设明细账核算。

应付账款 —— 债权人	
偿还的金额	应支付的账款
	企业尚未支付的应付账款余额

29.2102 预收账款：核算企业按照合同规定预收的款项。

★ 按购货单位设明细账核算。

预收账款 —— 购货单位	
销售实现的金额 退回的金额	预收的金额 补付的金额
★ 企业尚未转销的款项	★ 企业预收的款项

30.2201 应付职工薪酬：核算企业根据有关规定应付给职工的各种薪酬。

★ 可按"工资"、"职工福利"、"社会保险费"、"住房公积金"、

"工会经费"、"职工教育经费"、"非货币性福利"、"辞退福利"等设明细账核算。

应付职工薪酬——工资等	
支付金额（包括代扣代缴转账）	应付金额
	企业应付未付的职工薪酬

31.2301 应交税费：核算企业按照税法等规定计算应交纳的各种税费。包括增值税、消费税、所得税、资源税、土地增值税、城市维护建设税、房产税、土地使用税、车船使用税、教育费附加、矿产资源补偿费等。

★企业代扣代交的个人所得税，也通过本科目核算。

★企业不需要预计应交数所交纳的税金，如印花税、耕地占用税等，不在本科目核算。

★按照应交税费的税种设明细账核算。

应交税费——增值税等	
实际交纳金额	应交金额
★企业多交或尚未抵扣的税费	★企业尚未交纳的税费

增值税：

★小规模纳税人只需要设置"应交增值税"明细账进行核算。

★一般纳税人应设置"应交增值税"和"未交增值税"进行明细核算。应交增值税还应分别"进项税额"、"已交税金"、"转出未交增值税"、"销项税额"、"出口退税"、"进项税额转出"、"转出多交增值税"等设置专栏进行明细核算。

"进项税额"：记录企业购入货物或接受应税劳务而支付的、按规定准予从销项税额中抵扣的增值税额。购入货物或接受应税劳务支付的进项税额用蓝字登记；退回所购货物应冲销的进项税额用红字登记。

"已交税金"：记录企业本月已经交纳的增值税额。本月已交纳的增值税额用蓝字登记；退回本月多交的增值税额用红字登记。

"转出未交增值税"：记录企业月终转出应交未交的增值税。月终，企业转出当月发生的应交未交的增值税额用蓝字登记。

"销项税额"：记录企业销售货物或提供应税劳务应收取的增值税额。企业销售货物或提供应税劳务应收取的销项税额用蓝字登记；退回销售货物应冲销的销项税额用红字登记。

"出口退税"：记录企业出口货物按规定计算的当期免抵退税额或按规定直接计算的应收出口退税额；出口货物办理退税后发生退货或退关而补交已退的税款，用红字登记。

"进项税额转出"：记录企业购进货物、在产品、产成品等发生非正常损失以及其他原因而不应当从销项税额中抵扣，按规定转出的进项税额。

"转出多交增值税"：记录企业月终转出本月多交的增值税。月终，企业转出本月多交的增值税额用蓝字登记；收回退回本月多交的增值税额用红字登记。

32.2401 应付利息：核算企业按照合同约定应支付的利息。

★ 按债权人设明细账核算。

应付利息——债权人	
实际支付的利息	应付利息
	企业应付未付的利息

33.2501 应付利润：核算企业分配的利润。

★ 按投资者设明细账核算。

应付利润——投资者	
实际支付的利润	计算应分配给投资者的利润
	企业应付未付的利润

34.2601 其他应付款：核算企业除应付票据、应付账款、预收账款、应付职工薪酬、应付利息、应付利润、应交税费等以外的其他各项应付、暂收的款项。如应付租入固定资产和包装物的租金，存入保证金等。

★按应付项目和对方单位（或个人）设明细账核算。

其他应付款——项目、单位（个人）	
实际支付的金额	发生的其他应付款 暂收的款项
	企业应付未付的其他应付款

35.2701 长期借款：核算企业向银行或其他金融机构借入的期限在1年以上（不含1年）的各项借款。

★按贷款单位和贷款种类，分"本金"、"利息调整"等设明细账核算。

长期借款——单位（种类）	
偿还的金额	取得借款金额（本金） 月末按本金和合同利率计算的应付利息
	尚未偿还的本息

36.2801 递延收益：核算企业确认的应在以后期间计入当期损益的政府补助。

★按相关项目设明细账核算。

递延收益——项目	
符合确认条件时转出金额	收到的补助额
	应在以后期间计入当期损益的政府补助

三、所有者权益类

37.3001 实收资本： 核算企业接受投资者投入的实收资本。股份有限公司应将本科目改为"3001 股本"科目。

★ 按投资者设明细账核算。

实收资本 / 股本——投资者	
经批准减少的注册资本金额	接受投资金额 股东大会等决议通过的资本公积转增资本的金额
	企业实收资本（股本）总额

38.3002 资本公积： 核算企业收到投资者出资额超出其在注册资本或股本中所占份额的部分。

资本公积	
资本公积转增资本的金额	实收投资（或注销的债务）大于所确认资本的金额
	企业的资本公积

39.3101 盈余公积： 核算企业从净利润中提取的盈余公积。

★ 应分别"法定盈余公积"和"任意盈余公积"设明细账核算。

★ 外商投资企业还应分"储备基金"、"企业发展基金"进行明细核算。

★ 中外合作企业在合作期间用利润归还的投资，应在"利润归还投资"明细户核算。

盈余公积	
股东大会等决议用盈余公积补亏或转增资本	提取金额 归还的合作方投资额
	企业的盈余公积

40.3102本年利润：核算企业当期实现的净利润(或发生的净亏损)。

本年利润	
期末结转的损益类科目的借方余额合计	期末结转的损益类科目的贷方余额合计
当期实现的净亏损	当期实现的净利润
年终转出净利润	年终转出净亏损

★平时贷方余额表示净利润，借方余额表示净亏损。期末将净利润或净亏损转入"利润分配——未分配利润"后无余额。

41.3103利润分配：核算企业利润的分配(或亏损的弥补)和历年分配(或弥补)后的余额。

★应分别"提取法定盈余公积"、"提取任意盈余公积"、"应付利润"、"盈余公积补亏"、"未分配利润"等设明细账核算。

利润分配——未分配利润：核算企业尚未分配的利润情况。

利润分配——未分配利润	
转入的当期净亏损 将"利润分配"所属其他明细科目的余额转入本科目	转入的当期净利润
★企业的未弥补亏损	★企业的未分配利润

利润分配——提取法定盈余公积：核算企业提取的法定盈余公积。

利润分配——提取法定盈余公积	
企业按规定提取的法定盈余公积	余额转入"未分配利润"
结转后无余额	

利润分配——提取任意盈余公积：核算企业提取的任意盈余公积。

利润分配——提取任意盈余公积	
企业按规定提取的任意盈余公积	余额转入"未分配利润"
结转后无余额	

利润分配——应付利润：核算企业经股东大会或类似机构决议，分配给股东或投资者的利润。

利润分配——应付现金股利或利润	
决议分配给股东或投资者的现金股利或利润	余额转入"未分配利润"
结转后无余额	

利润分配——盈余公积补亏：核算企业经股东大会或类似机构决议，用盈余公积弥补亏损的情况。

利润分配——盈余公积补亏	
余额转入"未分配利润"	盈余公积补亏金额
	结转后无余额

四、成本类

42.4001 生产成本：核算企业进行工业性生产发生的各项生产成本，包括生产各种产品（产成品、自制半成品）、自制材料、自制工具、自制设备等。

★如果企业主要是对外提供劳务，则设置"4001 劳务成本"。

★如果企业既生产产品，也提供劳务，可以设置"4002 劳务成本"。

★可按"基本生产成本"和"辅助生产成本"设明细账核算，或在实务中直接把"基本生产成本"和"辅助生产成本"作为一级户核算。

★基本生产成本应结合企业所采用的成本计算方法，分别按照基本生产车间和成本核算对象（产品品种、类别、订单、批别、生产阶段）设明细账（或成本计算单），并按照规定的成本项目设置专栏进行核算。

★农业："农业生产成本"

★房地产业："开发成本"

基本生产成本：核算企业生产各种产品所发生的费用及完工产品成本情况。

基本生产成本——车间、品种等	
发生的直接费用 分配的间接费用 分配的辅助生产成本	完工转出成本
企业尚未加工完成的在产品成本	

★知识链接：

常用的产品成本的计算方法有"品种法"、"分批法"、"分步法"、"分类法"等，企业可以根据自身特点，选择使用其中的一种或几种方法，也可以根据企业各个生产阶段的特点，将几种方法结合在一起运用。

最常用的生产成本在完工产品与在产品之间的分配方法是"约当产量法"。

辅助生产成本：核算企业为基本生产和行政部门服务而进行的产品生产和劳务供应。

辅助生产成本——车间、品种等	
发生的直接费用 分配的间接费用	分配转出成本
一般分配转出后无余额	

★常用的分配方法有直接分配法（最常用）、交互分配法、计划成本分配法、顺序分配法、代数分配法（多限于理论探讨）。

43.4101 制造费用：核算企业生产车间（部门）为生产产品和提供劳务而发生的各项间接费用。

★按生产车间、部门设明细账，根据费用项目设专栏进行明细核算。

制造费用——车间、部门	
发生的材料、人工、折旧、办公费等费用金额	分配转出的金额
除季节性生产企业外，期末无余额	

44.4401 工程施工： 核算建造承包商实际发生的合同成本和合同毛利。

★ 按建造合同分别"合同成本"、"间接费用"、"合同毛利"进行明细核算。

合同成本： 核算建造承包商在工程施工过程中发生的各项直接费用和分配转入的间接费用。

工程施工——合同成本	
发生的材料、人工、机械使用费、现场的二次搬运费等直接费用 分配转入的间接费用	合同完工与"工程结算"对冲转出的金额（对冲转出后无余额）
尚未完工的建造合同成本	

间接费用： 核算建造承包商在工程施工过程中发生的各项间接费用。

工程施工——间接费用	
管理人员工资、折旧费、保险费、保修费等间接费用	分配转出的间接费用
一般期末无余额	

合同毛利： 核算建造承包商合同收入与合同费用的差额。

工程施工——合同毛利	
合同收益额 合同完工与"工程结算"对冲转出的亏损金额（对冲转出后无余额）	合同亏损额 合同完工与"工程结算"对冲转出的收益金额（对冲转出后无余额）
尚未完工的建造合同毛利（盈利）	尚未完工的建造合同毛利（亏损）

45.4402 工程结算： 核算建造承包商根据建造合同约定向业主办理结算的累计金额。

★ 按建造合同进行明细核算。

工程结算——合同	
合同完工与"工程施工"对冲转出的金额	应结算的金额
	尚未完工的建造合同已办理结算的累计金额

46.4403 机械作业： 核算建造承包商及其内部独立核算的施工单位、机械站、运输队使用自有施工机械和运输设备进行机械作业（包括机械化施工、运输作业等）所发生的各项费用。

★ 按施工机械或运输设备的种类设明细账，账内分人工费、燃料及动力费、折旧及修理费、其他直接费、间接费用项目进行核算。

机械作业——种类	
发生额	期末转入"工程施工"（对内）或"劳务成本"（对外）的金额
转出后无余额	

五、损益类

47.5001 主营业务收入： 核算企业确认的销售商品、提供劳务等主营业务的收入。

★ 按主营业务的种类设明细账核算。

主营业务收入——种类	
销售退回或折让的金额 期末余额转入"本年利润"	实现的收入
	结转后无余额

48.5002 其他业务收入： 核算企业确认的除主营业务活动以外的其他经营活动实现的收入，包括出租固定资产、出租无形资产、出租包装

物和商品、销售材料等实现的收入。

★按其他业务收入的种类设明细账核算。

其他业务收入——种类	
销售退回或折让的金额 期末余额转入"本年利润"	实现的收入
	结转后无余额

49.5102 投资收益：核算企业确认的投资收益或投资损失。

★按投资项目设明细账。

投资收益——投资项目	
出售投资时产生的净损失 期末将贷方余额转入"本年利润"	股票持有期间应分得的现金股利或利润 债券持有期间应获取的利息收入 出售投资时产生的净收益 期末将借方余额转入"本年利润"
	期末结转后无余额

50.5201 营业外收入：核算企业发生的各项营业外收入，主要包括处置非流动资产收益、政府补助收入、盘盈收益、捐赠收益等。

★按营业外收入项目设明细账核算。

营业外收入——项目	
期末，余额转入"本年利润"	取得营业外收入的金额
	结转后无余额

51.5301 主营业务成本：核算企业确认销售商品、提供劳务等主营业务收入时应结转的成本。

★按主营业务成本的种类设明细账核算。

主营业务成本——种类	
结转的销售商品或提供劳务的成本	销售退回的商品成本 期末余额转入"本年利润"
结转后无余额	

52.5302 主营业务税金及附加：企业经营活动发生的消费税、城市维护建设税、资源税和教育费附加等相关税费。

★ *房产税、车船使用税、土地使用税、印花税在"管理费用"核算。*

主营业务税金及附加	
按规定计算确定的与经营相关的税费	期末余额转入"本年利润"
结转后无余额	

53.5303 其他业务支出：核算企业确认的除主营业务活动以外的其他经营活动所发生的支出，包括销售材料的成本、出租固定资产的折旧额、出租无形资产的摊销额、出租包装物的成本或摊销额、发生的相关税费等。

★ *按其他业务支出的种类设明细账核算。*

其他业务支出——种类	
发生的其他业务成本	期末余额转入"本年利润"
结转后无余额	

54.5401 销售费用：核算企业销售商品和材料、提供劳务的过程中发生的各种费用，包括保险费、包装费、展览费、广告费、商品维修费、预计产品质量保证损失、运输费、装卸费以及销售本企业商品而专设的销售机构（含销售网点、售后服务网点等）的职工薪酬、业务费、折旧费等经营费用、企业发生的与专设销售机构相关的固定资产修理费用等后续支出等。

★ *可按项目设明细账核算或设专栏核算。*

销售费用	
发生的各种销售费用	期末余额转入"本年利润"
结转后无余额	

55.5402 财务费用： 核算企业为筹集生产经营所需资金等而发生的筹资费用，包括利息支出（减利息收入）、汇兑损益以及相关的手续费、企业发生的现金折扣或收取的现金折扣等。

★可按项目设明细账核算或设专栏核算。

财务费用	
发生的各种财务费用（利息支出、汇兑损失、手续费、支付的现金折扣等）	应冲减财务费用的利息收入、汇兑收益、收取的现金折扣 期末余额转入"本年利润"
结转后无余额	

56.5403 管理费用： 核算企业为组织和管理企业生产经营所发生的管理费用，包括企业在筹建期间内发生的开办费、在企业的经营管理中发生的费用（包括行政管理部门职工薪酬、物料消耗、低值易耗品摊销、办公费、差旅费等）、聘用中介机构费、咨询费（含顾问费）、诉讼费、业务招待费、房产税、车船使用税、土地使用税、印花税、技术转让费、矿产资源补偿费、排污费等。

★商品流通企业管理费用不多的，可将本科目核算内容并入"销售费用"。

★可按项目设明细账核算或设专栏核算。

管理费用	
发生的各种管理费用	期末余额转入"本年利润"
结转后无余额	

57.5501 营业外支出： 核算企业发生的各项营业外支出，包括非流动资产处置损失、公益性捐赠支出、非常损失、盘亏损失等。

★按营业外支出项目设明细账核算。

营业外支出——项目	
确认发生的营业外支出	期末余额转入"本年利润"
结转后无余额	

58.5601 **所得税费用**：企业确认的应从当期利润总额中扣除的所得税费用。

所得税费用	
年终，企业按税法规定计算确定的 当期应缴所得税	期末余额转入"本年利润"
结转后无余额	

第1步
第2步
第3步
第4步
第5步
第6步
第7步
第8步
第9步
第10步

结束语
★

　　好了，现在胜任一个小企业会计所需要的基本技能我们都已经学完了。就像我每次给会计人员培训时一样，在课程即将结束的时候，我同样请您记住这样一句话："不要为了别人的利益去触犯法律。"

　　那么财务人员如何对老板说"不"呢？

我比较赞同以下观点：

1. 要坚持底线

财务工作是原则性很强的工作，所以会计人员必须先设定好底线，超出底线的事情，坚决不能操作。

我的一个朋友是某家公司的财务总监，每次和他见面，他总是说："哎呀，风险太大了，再干一段时间就辞职。"但几年过去了，他因为舍不得公司给的高薪而迟迟没有辞职，最终因为公司骗税、偷税金额巨大而"携手"公司法人代表锒铛入狱，公司也最终破产。

所以，作为会计人员，务必要坚守底线，既是对自己的保护，也是对公司负责。

2. 要讲究技巧

任何领导都不会喜欢听到自己的财务人员生硬地对自己说"不"。所以会计人员一定要注意坚持原则的技巧。作为老板的财务助理，记住你不是决策者，只是建议者，你应当学会站在老板的位置考虑一些问题，当发现风险的时候，你可以用数据提醒老板，并给他提出合理的方案及建议，告诉他"这样固然有道理，但恐怕风险很大"，但"那样运作您看是不是会更安全、更可行"，给老板一道选择题，而不是生硬地否定老板的意见。

你认为呢？